U0854766

大学英语教学理论构建与创新

赵 妤 李 莉◎著

文化发展出版社
Cultural Development Press
·北京·

图书在版编目（CIP）数据

大学英语教学理论构建与创新 / 赵妤，李莉著．
北京：文化发展出版社，2024．7．-- ISBN 978-7-5142-4382-6

Ⅰ．H319.3

中国国家版本馆 CIP 数据核字第 202482G1S3 号

大学英语教学理论构建与创新

赵 妤 李 莉 著

出 版 人：宋 娜

责任编辑：张宝平　　责任校对：岳智勇

责任印制：邓辉明　　封面设计：谢婉莹

出版发行：文化发展出版社（北京市翠微路 2 号 邮编：100036）

网　　址：www.wenhuafazhan.com

经　　销：全国新华书店

印　　刷：天津和萱印刷有限公司

开　　本：710mm × 1000mm　1/16

字　　数：200 千字

印　　张：10

版　　次：2025 年 1 月第 1 版

印　　次：2025 年 1 月第 1 次印刷

定　　价：72.00 元

I S B N：978-7-5142-4382-6

前 言

随着经济全球化时代的到来，英语作为国际交流的主要语言，在我国的教育体系中扮演着越来越重要的角色。大学英语教学不仅承载着培养具备良好英语应用能力人才的任务，还关乎国家之间的文化交流和合作。然而，现行的大学英语教学理论体系及其教学方法仍存在一些不足，有待进一步改进和创新。

首先，大学英语教学理论体系需要与时俱进，与当代社会发展的需求相适应。随着科技的进步，尤其是信息技术和网络技术的普及，使人们获取和传播信息的方式发生了巨大的变化。因此，大学英语教学理论应关注如何运用现代科技手段提高教学效果，提升学生的英语实际应用能力。

其次，大学英语教学理论应注重培养学生的跨文化交际能力。在经济全球化背景下，英语作为国际通用语言，已成为人们进行跨文化交际的重要工具。因此，大学英语教学应突破传统的语言教学模式，培养学生具备跨文化交际的能力，使他们能在不同文化背景下进行有效沟通。

最后，大学英语教学理论还应关注个性化教育。每个学生都有自己独特的学习方式和学习需求，因此，教学理论应提倡因材施教，满足不同学生的学习需求，从而提高教学效果。

总之，大学英语教学理论构建与创新是一个长期而复杂的过程，需要广大教育工作者不断探索和实践。

本书第一章阐述了大学英语教学概况，第一节讲述了大学英语教学概述，第二节讲述了大学英语教学基础知识，第三节描绘了大学英语教学现状。第二章探究了大学英语教学的理论，第一节概述了大学英语教学基本理论，第二节讲述了大学英语课程管理，第三节描述了任务型大学英语理论研究。第三章探索了大学英语教学理论的构建，第一节探索了大学英语听说教学理论构建，第二节探索了大学英语写作教学理论构建，第三节探索了大学英语阅读教学理论构建。第四章分析了大学英语教学的创新路径，第一节讲述了大学英语知识与技能教学的创新，第二节讲述了大学英语教材与师资队伍的创新，第三节讲述了大学英语评价体系的创新。第五章畅想了多元视角下的大学英语教学创新发展，第一节讲述了教学自信视角下大学英语教学的创新发展，第二节讲述了网络视角下大学英语教学的创新发展，第三节讲述了“主题”视角下大学英语教学的创新发展。

在撰写本书的过程中，作者得到了许多专家学者的帮助和指导，参考了大量的学术文献，在此表示真诚的感谢！本书内容系统全面，论述条理清晰、深入浅出。由于作者水平有限，本书难免存在一些疏漏，在此恳请同行专家和读者朋友批评指正！

赵　妤

2023 年 7 月

目　录

第一章 大学英语教学概况

中国高等教育国际化的重要途径就是以英语为教学媒介，通过英语掌握先进的学科教学知识，培养具有英语思维并符合全球合作与交流要求的人才，但是语言是随着社会的发展而不断演进的，高校英语教学也要在时代的背景下进行变革和创新。本章对大学英语教学进行了介绍，并研究了教学改革的相关内容。

第一节 大学英语教学概述

一、英语教学的内涵

（一）教学的定义

在了解英语教学的内涵之前，需要先对教学这一概念进行了解和掌握。由于对教学的关注点不同，不同学者的定义有所差异。

学者胡春洞认为，教学应该包含两个层面的关系：首先，教与学是一种并列关系。其次，教学是一种教授和学习的使动关系。[①] 从这两个层面能够看出教学的辩证关系和双向关系。教与学是息息相关的，教应该以学为基础，从学的角度出发，并以学为目标。教的规律和学的规律在一定程度上是统一的。

《现代汉语词典（汉英双语版）》给出教学的定义如下：教学是教师把知识、技能传授给学生的过程。该定义是一种狭义的理解，只是将教学视为一个术语来理解。

综合上述关于教学的定义，教学应该包含三层含义：教学、教与学、教授如何学习。

---

① 胡春洞．外语教学要全面运用科学规律[J]. 人民教育，1998（5）：42—43.

（二）英语教学的定义

虽然英语课程在我国的普及度很高，但学习者缺少实际的语言应用环境和对话对象，这是英语学习中的一个主要难题。

对教师而言，教学是引导学生学习的教育活动；对学生而言，教学是在教师引导下进行的学习活动。学生是否得到发展是教学能否达到其目标的关键。教学是一个师生互动的过程，是教师和学生共同完成预定任务的双向统一的活动。具体来说，英语教学的内涵包括三个特性：目的性、系统性和计划性。

英语教学是有目标的，即通过教学活动使学生能够掌握英语语言知识、技能和能力。这些目标可以是语音、词汇、语法、听力、口语、阅读、写作等各个方面。教学目标的设定可以根据学生的需求、年龄、学习水平、学习环境等因素来确定。

英语教学需要根据教学目标确定教学内容。教师需要选择合适的教材和教辅资料进行教授，并将其组织成有序、连贯的教学内容。教材中的课文、练习、示范对话等内容都应与教学目标相匹配，这有助于学生逐步掌握知识和技能。

系统性和计划性的英语教学需要使用适当的教学方法和策略。教师可以根据不同的教学内容和学生特点选择合适的方法，如任务型教学、合作教学、情境教学等。这些方法能够激发学生的学习兴趣，提高学习效果。

综上所述，我们可以将英语教学的内涵概括为教师依据一定的英语教学目的与教学目标，在有计划的系统性的教学过程中，借助一定的方法和技术，以传授和掌握英语知识为基础，促进学生综合素质得以发展的教与学相统一的教育活动。

（三）英语教学的本质

英语教学不仅是一种语言教学，也是一种思维教学。下面从这两个方面阐述英语教学的本质。

英语教学是一种语言教学。英语是一门重要的国际交流语言，因此对其的教学是一种语言教学。语言教学的目的是培养学生运用语言的能力。对于中国人来说，英语是一门外语，英语教学也就是外语教学。从人类外语教学的发展历史来看，外语教学离不开外语知识教学，以外语知识为基础的外语教学有利于学生运用外语能力的培养。因此，英语教学作为语言教学，其本质是培养学生综合运用英语的能力。

需要特别指出的是，一些以学习语言知识用于专门研究的语言教学并不是为了运用语言，因此对其的教学并不属于语言教学的范畴，如古希腊语的研究、古汉语的研究等。这些语言在当今社会几乎不再使用，因此这种语言的学习需要和语言教学区分开。

英语教学是一种思维教学。在进行英语教学的过程中，学习者不仅需要了解基本的语言知识，也需要培养和提高英语思维能力，便于日后的语言使用。这与英语教学培养了学生综合运用英语的能力这一本质相呼应。

二、英语教学的要素

教学是一个庞大的系统，由不同的要素组成。英语教学的要素可以从实体与非实体两个角度进行划分。

（一）实体

从实体的角度出发，英语教学的要素主要包括教师、学生、教学媒介。我国的英语教学是第二语言教学，主要依靠教师的课堂教学活动。教师是英语教学的指导者与引导者，对学生英语水平的提高有着直接的影响；学生是学习的主体，是教学系统中不可或缺的基本要素；教学媒介是保证教学质量的重要因素，主要包括教材、教具和其他设施。

（二）非实体

教学要素包括教学设计、教师素养、学生特点、教学环境、教学资源等多个方面。在教学研究过程中，对教学要素的了解与掌握是研究的前提。我国的英语教学由于受到传统教学模式的影响，注重英语基础知识的传授，而忽视了学生能力的长远发展。学生是教学要素中不可替代的重要组成部分，在教学改革中重视学生主体地位的发挥，能够深化教学体制改革，促进学生能力的长远发展。

三、大学英语教学的主体功能和作用

（一）开发学生智力，提高其认知能力

大学英语教学有提升学生智力、锻炼学生认知能力的作用。阅读能力是语言学习的基础。通过阅读，学生可以积累词汇、提升语法水平、了解文化背景等，从而更好地理解和运用英语。大学英语的教学目标是让学生在未来的学术、职场以及社交场合中有效使用英语。只有具备较强的阅读能力和一定的听、说、写、译能力，学生才能准确理解和表达思想，与他人进行有效地沟通和交流。大学英

语教学不能局限于上述教学要求，要不断满足学生实际应用的需求，提升他们的语言交流能力和综合素养。

对于培养语言技能所需的教学理论和指导方法，教育界一直以来都有不同的看法。事实上，教师在教学过程中确实需要遵循一定的规律和原则，但同时也要根据具体的情境和学生的需求来灵活调整方法和策略。教学不能僵硬地套用固定的模式和方法，每个学生都是独特的个体，具有不同的背景、兴趣、学习方式和能力。因此，在教学中需要根据学生的差异化和个性化需求，灵活调整教学方法和策略。

在引进外来的教学理论和方法时，需要避免盲目跟风，要结合自身的教学实际情况进行审视和选择。教学理论和方法往往是在特定的背景和文化环境下产生和发展的，其适用性可能会因教育体制、学生特点、教学资源等方面的差异而有所不同。因此，我们不能盲目地将某种教学理论或方法直接引进并应用于自身的教学实践中，应该深入了解其原理、研究依据以及实际效果，并审慎考虑其与自身教学实际的契合度。教学理论和方法应该被视为工具而非绝对真理，没有一种理论或方法能够适用于所有的教学场景和学生群体。每个教师都应该根据自己的专业知识、教学经验和对学生的理解，灵活地选择和调整教学理论和方法，以适应不同的教学目标和情境。

相对于其他学科，大学英语学习者应更加注重英语能力对于未来职业发展的支持作用，英语学习增强了他们的职场竞争力；学习环境方面，大学英语学习者需要更多依赖计算机和网络等技术设施，以实现更好的学习效果；大学英语学习者通常需要应对各种不同类型和难度的英语学习任务，因此其学习压力和焦虑感较其他学生更为明显；大学英语学习者往往需要花费更多时间和精力去适应英语学习的要求和方式，如理解英语学科中的学术用语、文献和科技资料等。

综上所述，教师和学校需要有针对性地开展英语学科教学，以满足学生的学习需求，提升其学习效果。仅仅重视语音、词汇和句型的机械性练习不能满足大学英语学习者的综合语言能力培养需求，并且无法增加学生对英语学习的兴趣。

对于语言学习者来说，掌握语言的概念性意味着他们能够理解语言的结构、规则和用法，这包括对词汇、语法、语音等方面的掌握，能够正确地运用英语进行交流和表达。同时，掌握语言的概念性还包括对语言的语境、文化背景以及跨文化交际的理解。这种概念性的掌握使得学习者能够更好地理解和应用所学语言，提高语言的实际运用能力，而对于教学概念性的掌握，意味着学习者能够理解和应用不同的教学理念、原则和方法，这包括对教学目标的理解、课程设计的能力、教学策略的选择和运用，以及对学习者特点和需求的认知。学习者通过对教学概念性的掌握，能够更好地参与到教学过程中，理解教师的教学意图，主动学习并提高学习效果。

语言和教学的概念性能为学习者提供明确的学习目标和方向，使他们能够系统地学习和提高语言能力。首先，概念性的掌握使学习者能够更好地理解和应用所学内容，提高学习效果。其次，掌握教学的概念性也有助于学习者在需要的时候自主选择适合自己的学习方法和策略，实现个性化学习和自主学习的目标。

智力是指一个人在认识、思考和解决问题方面的能力，观察力是指对周围事物和现象的敏锐感知和准确观察的能力，注意力是指一个人专注和集中的能力，思维力是指人在逻辑推理、问题解决和创新思维方面的能力。这些基本能力相互作用、相互支持，综合构成了一个人的智力水平。大学英语也能够帮助学习者开发智力、提高认知能力。学习英语需要掌握词汇、语法、语音等多方面的知识，并通过不断练习和应用来提高语言能力，这种语言学习过程促使学生进行思考、分析、归纳和推理，从而培养学生的语言智力。学习新语言需要学习者不断调整和转换不同语言之间的表达方式和思维方式，涉及跨文化交际和跨文化理解，需要学生具备较强的跨文化适应能力，因此在学习英语的过程中，学生的认知能力得到了锻炼和提升。

英语教学注重培养学生的批判性思维、创造性思维。通过阅读和讨论英语文章、参与英语演讲和辩论等活动，学生能够拓宽视野，培养自主思考和分析问题的能力。这种多元思维的培养对于学生的智力发展具有积极的影响。英语学习需要学生掌握有效的学习方法，如阅读理解、听力技巧、口语表达等，通过不断地尝试和实践，学生能够逐渐找到适合自己的学习方法，并应用于其他学科和领域，这种学习方法的形成提高了学生的学习能力和学习效果。

通过学习语言知识，学生能够更好地理解语言的功能和用途，明确语言学习的目标，这让他们了解到语言在日常交流、文化传承和跨文化交际中的重要性，进而对语言产生兴趣，并愿意主动探索和运用所学的语言知识。随着对语言知识的深入学习，学生能够不断提高自己的语言能力。他们会感受到自己的进步，从而增强对语言学习的自信心和兴趣，这种成就感的获得能够带动学生持续学习、探索，激发他们对语言更深层次的兴趣。

（二）增强交际能力

社会的发展离不开个人潜能的充分释放与发挥。学习英语对于个体而言，不仅意味着掌握了与世界各地人们有效沟通的工具，能够便捷地获取和分享信息与知识，更重要的是，通过学习英语，个体能够接触并深入了解不同国家的思维方式、价值观等，从而有助于培养跨文化意识，增强对不同文化的理解，促进对多元文化的尊重与欣赏。这一过程对于个体的全面发展和社会的进步都具有深远的意义。

交际能力包括语言技能、非语言技能、情感能力和社交文化规范等多方面能力的综合体现，不仅仅局限于语言表达的流利度。流利的英语只是交际能力的一个方面，单纯掌握词汇、语法并不代表能够顺畅地进行交流。因此，大学英语作为一门语言学科，它的教学不仅应该注重语言知识的传授，也应该考虑到学生的社会交往需求，应达到提高大学生英语交际能力的目的。将学生置于社交场景之中，可以让学生接触到更广泛、更真实的社会语境，促进学生跨文化的交流和认识，提高他们的多元文化素养。

（三）增强学生的主体意识，发挥主体作用

大学英语教学能够激发学生的主体意识，促使其发挥主体作用。以教师为中心的传统教学方式在某些方面确实存在合理性，但也存在一些问题。教师具备专业知识和经验，能够提供系统的教学内容和方法，对学生的学习起到了引导和帮助的作用，教师在教学过程中能够对学生进行管理和评估，提供及时的反馈和指导，提升学生的学习效果。然而，在这种模式下，学生被动接受知识，缺乏主动性和创造性，容易导致学习兴趣降低和学习动力不足，学生在传统教学中往往缺乏深入思考、独立解决问题和与他人合作的机会，导致能力培养不全面。

现代教育理念始终强调师生之间的平等和互动。师生之间的关系建立在平等的基础上，教师和学生都是学习的参与者和知识的探究者，彼此应尊重、平等相待。教师和学生在课堂上都应积极参与教学活动，教师不仅是知识的传授者，也是引导和促进学生主动学习的推动者，学生也应积极发言、提问，分享自己的想法。课堂上的教学过程是一个信息交流和分享的过程，教师提供知识和经验，学生通过思考、讨论和互动来获取知识，同时也可以分享自己的观点和经验，形成一个相互交流的环境。教师在这种关系中充当的角色更像是学习的引导者、促进者和支持者，而不仅仅是知识的传授者。学生则扮演着主动学习的角色，通过思考、实践和合作来建构知识，深化理解。这样的平等关系能够激发学生的学习热情，培养其批判性思维和解决问题的能力，使教育更具启发性和有效性。

学生是学习的主体，他们具有不同的学习需求、兴趣和学习方式。将学生放

在学习的核心地位，能够更好地满足他们的个性化需求，激发他们的学习热情和积极性。培养学生的自主学习能力是现代教育的重要目标之一。学生在英语学习中应有机会发现和建构知识，通过实践和合作来提高语言技能。教师的角色是引导学生的学习过程，激发他们的思考和创造能力。学习方法对于英语学习至关重要，学生需要掌握适合自己的学习方法和技巧，提高学习效果。教师应该引导学生运用学习方法，培养他们的认知能力和自主学习技能。英语是一门交际性语言，交际能力是其核心要素，传统的教学模式往往重视语法和词汇的教学，忽视了口语表达和交际能力的培养，现代英语教学倡导师生之间的真实交流和互动，鼓励学生参与各种课堂活动来提高他们的交际能力。

大学英语教学应该顺应素质教育的需要，体现以人为本的理念。教师在教授英语知识的同时更应广泛地关注学生的综合素质和能力培养。通过培养学生的语言能力、学术能力、跨文化意识、创新创业精神、社会责任感和职业生涯发展规划，大学英语教育可以更好地满足学生终身发展的需要，培养具有国际竞争力和社会责任感的人才。

传统的教育模式抑制了学生自主发展和批判性思维的发挥，使他们缺乏主体意识。如果学生过分依赖教师，就会失去发挥自身主体意识的机会，无法探究学习的内在动机和目的，无法形成自己的学习方法，更难以理解自己在学习中的角色。当学生过分依赖教师时，他们可能会出现消极的学习态度，认为自己的任务只是接受老师所教授的知识和技能，缺乏主动性和求知欲，这种被动的学习方式使他们不能充分发挥自己的能力，影响了学习效果。现代教育要求教师将学生置于学习的中心，引导学生发挥自身的主体意识，成为有效的学习者和积极的社会成员。

理想的课堂和教学评价应包括平等性、师生互为依赖、学生主体意识的培养、多元化的评价几个方面。师生之间应该建立平等的关系，彼此尊重。教师应视学生为伙伴和合作者。在平等的氛围中，学生能够更自由地表达自己的观点，教师则应倾听学生的声音。师生之间应相互配合、相互支持，共同为学习目标和任务努力。教师作为指导者和引导者，应提供相关知识和教学资源，引导学生进行学习和思考。学生则应积极参与学习活动，发挥主体作用，并从教师的指导中获得帮助和支持。师生之间存在着相互依赖的关系，教师需要学生的反馈和参与来调整教学策略和方法，以适应学生的需求；学生需要教师的指导和支持来获取知识和技能，实现学习目标。这种相互依赖促进了双方的共同成长。教学评价应该多样化且综合化，不仅仅要注重学习成绩的评价，更要关注学生的学习过程和能力的发展。同时，教师也需要接受学生对教学的评价，并将其作为教学改进的借鉴。

师生关系是平等的、相辅相成和互为依赖的。教师是课堂交流活动的组织者，是学生学习的帮助者。学生也不是信息的被动接受者，而应该积极主动地参与课堂活动，参与课堂教学评价。课堂教学不只是提供和接收信息的行为，教师应鼓励学生发现问题并及时作出反应，激励他们对语言进行观察与思考，帮助他们发现语言规律。①

（四）培养学生积极的语言教学和语言学习情感

大学英语教学是学生获得积极的语言学习体验、提高审美能力的有效途径。20 世纪初，教育学者开始关注情感对个人学习和成长起到的作用，情感教育的雏形由此诞生，但直到 20 世纪 70 年代才有较为完整的体系。在外语学习中，学习者对所学习的目标语产生的情感态度和情绪体验包括对目标语的喜爱、感到愉悦等；对目标语使用的社会环境、文化背景以及教学环境的情感态度包括对目标语社会地位的认同、对目标语文化的尊重和接纳、对教师和教学方法的满意度等；学习者对自己的语言学习经历和过程的情感态度包括对学习的成就感、自我效能感以及对学习感到困难、焦虑、产生挫败感的情感体验。

这些情感因素对学生学习外语具有重要影响。首先，积极正面的目标语情感能够增强学生的学习兴趣，提高学习的积极性和主动性。积极的情感体验能够促进学习者的情感投入和注意力集中，有利于信息的吸收和记忆。其次，目标语所处的社会和教学的积极情感态度能够提升学生对目标语文化的理解和尊重，增强学习者的跨文化意识和交际能力。对教师和教学方法的满意度也能够增强学习者与教师的互动和合作，促进有效学习。最后，对语言学习过程的积极情感态度能够增加学生的自信心和学习投入，提高学习的效果。

在英语学习中，中学阶段的英语学习会对大学阶段的英语学习产生很大的影响。如果一个学生在中学阶段就对英语学习感到枯燥无味或者没有兴趣，那么他在大学阶段学习英语就可能会面临较大的挑战；相反，如果一个学生在中学阶段对英语学习产生了浓厚的兴趣，并且有一定的英语基础，那么他在大学阶段学习英语的过程中可能会更加顺利。

进入大学后的学习动机也是影响学习的重要因素之一。如果一个学生对英语

---

① 张学新．对分课堂：大学课堂教学改革的新探索[J]．复旦教育论坛，2014，12（5）：5-10．

学习缺乏动力或者没有明确的学习目标，就很难坚持下去；相反，如果一个学生具有明确的学习目标，并且对英语的学习充满热情和动力，那么他的学习效果可能会更好。

如果学生能够善于借助各种资源，如老师、同学、图书馆等来提高自己的英语水平，那么其学习体验可能会更好，而如果学生在学习中遇到了挫折或者无法有效地提高自己的英语水平，就可能会对学习产生消极的情绪和体验。除此之外，阶段学习效果、个人的意志品质也是影响学习的重要因素。

大学新生常常因为各种原因对英语学习表现出厌倦情绪：有的学生可能没有找到适合自己的学习方法，导致学习效果不佳或者感到枯燥无味；大学英语课程的难度有较大的提升，有些学生可能面临跟不上的困境，从而产生厌倦情绪。如果学生只是停留在课堂听讲和书本复习阶段，缺少实际运用英语的机会，也容易对英语学习失去兴趣。

面对这种情况，教师可以合理引导学生克服英语学习的厌倦情绪。例如，可以设计一些具有趣味性或挑战性的活动或教学内容，引起学生的兴趣，提高他们对英语学习的主动性；可引导学生利用多种资源，如音频、视频、互联网等，让学生感受到英语学习的丰富性和实用性；可通过设置小组活动、角色扮演等形式，鼓励学生积极参与讨论、合作，增强他们对英语学习的兴趣和自信心；教师应及时给予学生肯定和赞赏，鼓励他们在学习中的努力和进步，帮助他们建立积极的学习态度；应针对学生的不同水平和需求，提供个性化的学习指导和建议，让学生感受到自己的进步和成就，从而增强学习的积极性。

第二节　大学英语教学基础知识

一、大学英语教学的模式和方法

（一）大学英语教学模式及其发展历程

乔伊斯（Joyce）和威尔（Will）对教学模式的定义是较有影响力的，他们认为，教学模式可以用来设置课程、设计教学教材、指导课堂教学或改进其他场合的教学的计划和类型。[①] 关于教学模式的内涵有多种不同的表述方式。国内一些学者将教学模式等同于教学结构，认为它是在一定的教学思想指导下建立的比较典型和比较稳定的教学程式，也有学者认为，教学模式就是教学过程的模式，或是一种有关教学程序的策略体系、教学式样，即教学模式是根据客观的教学规律和一定的教学指导思想形成的，在整个教学过程中都必须遵循比较稳定的教学程序及其实施方法的策略体系。戴炜栋在结合英语教学特点的基础上提出："教学模式是指在一定的教育思想、教学理论和学习理论指导下，在某种环境中展开的教学活动过程的稳定结构形式。"[②] 不同学者对教学模式概念认识的不同说明教学模式的实质和定位等基本理论问题有待进一步深入研究。尽管许多学者对教学模式的观点不尽相同，但无外乎是从不同视角对教学模式的两个基本属性进行研讨：一是教学模式是为实现某种教学任务、目标和要求所展开的具体教学活动；二是教学模式是教师、学生、教材、教学媒体等要素在教学活动过程中呈现的一种稳定结构形式。

（二）我国英语教学模式发展情况

1. 以教师为中心的课堂教学模式

（1）语法翻译式

其主要特点是学生在课堂上的学习以掌握英语知识为主，特别是词汇、语法等方面的知识。在该教学模式下培养出来的学生独立学习能力不强，始终依赖教科书和教师，学生自主、自愿接受英语知识的机会很少。

（2）听说式

其核心是将听放在首位，先用耳听，后用口讲，通过反复的听说训练，使学生最后能熟练地说出教师提供的句子。这种教学模式忽视了学习者的认知能力在英语学习中的作用，机械性的训练不利于学生在现实生活中运用所学的知识。

（3）答疑式

教师对学生提出的问题进行分类，上课时详细讲解学生所提问题中典型性的内容。对于不具备普遍性的问题，则进行个别辅导。在某种程度上，这种教学模式更关注学生共性与个性方面的问题，体现了因材施教的教学原则。

2. 计算机辅助语言教学模式

从 20 世纪后期到 21 世纪初，计算机的介入使传统的大学英语教学进入计算

① 王飞．论教学模式的理论依据及高效能教学 [J]. 曲靖师范学院学报，2016，35（1）：37–40.

② 张贞桂．外语教学模式建构的类型分析 [J]. 西安外国语大学学报，2019，27（4）：51–55.

机辅助语言教学时代，计算机作为重要的教学媒介走上了英语教学的舞台。

（1）教学信息更加丰富，语言教学更加直观、生动

多媒体技术集图文、声音于一体，方便教师灵活切换教学场景，给学生带来比较强的视觉、听觉等多模态冲击。在以教师为主导的课堂教学过程中，教师利用多媒体后，授课内容更生动，教学内容更容易为学生所接受。

（2）学习时空得到延伸与拓展

计算机辅助语言教学模式打破了传统英语课堂教学的时空限制，建构了一个开放的教学空间。借助多媒体教学光盘，学生可以不受课堂教学时空的限制，学习时间机动灵活、可长可短，由自己灵活掌握，如果遇到语言难点，可以借助计算机反复观看学习，直到弄懂为止。

（3）教师指导下的学生自主学习能力开始得到重视

计算机辅助语言教学模式不仅在一定程度上缓解了扩招所带来的师资短缺问题，还可以在大学英语教学课时十分有限的情况下，方便教师通过布置学习任务的方式来引导学生在课外培养自主学习的能力。

（4）教师教学观念逐渐变化

与传统英语教学模式相比，此模式有利于促使教师更新教学观念。在传统的英语教学中，英语教师的职责基本上是传道、授业和解惑。在计算机辅助语言教学模式下，教师角色逐渐从单纯的知识传授者转变为教学课件的设计者、教学过程的组织者和引导者、知识传授的筛选者、课堂活动的幕后导演者。这一变化要求教师与时俱进、更新观念，形成符合现代英语教学理论的教学观念。

然而，有研究表明，这一阶段的英语教学也存在一定的不足。其中，最大的问题就是教师利用多媒体进行教学的观念转变还不够到位；在教学方法上的准备不够充分；利用计算机多媒体进行教学的改革力度不够大，出现了教学媒体技术的低值使用现象。例如，几十万元的设备只被当作“大录音机”来使用，有些多媒体英语课件只是教材的“电子搬家”，简单的文字加上图片就构成了一套课件，此外还表现在对多媒体技术的不合理利用上。例如，在具体的语言技能教学上，哪些技能的课堂教学需要多媒体设备，哪些不该用，以及如何合理利用，有些教师没有合理的计划，以为使用了技术设备，就能提高教学效率。又如有些教师在利用多媒体进行课堂教学时，很少板书或不再板书，只坐在教室前方电脑主控台前，一边点击教学课件一边说课。由于教师与学生之间缺乏必要的情感交流，多媒体课堂教学成了变相的“灌输”式教学，课堂气氛沉闷，不利于调动学生参与课堂互动的积极性。

总之，我国这一时期的大学英语教学模式逐渐由封闭式、单向性的知识与技能传授转向开放式和多向性，呈现出多元化的趋势。

3.基于计算机和课堂的教学模式

进入21世纪以后，以计算机网络为特征的信息技术有了迅猛的发展，此阶段也正是我国教育部门大力提倡利用现代信息技术开展英语教育的阶段。教育部倡导的基于计算机和课堂的英语教学模式旨在解决学生语言应用能力较低问题，并缓解大学扩招带来的英语教育资源紧缺的问题，但是如果师生还只是把计算机当作辅助工具，就较难达到大学英语教学改革的目标。于是，以计算机网络为特征的信息技术开始与英语课程进行全面的融合，逐步走向成熟阶段。

随着讨论的深入，以学生为中心的教学结构逐渐在英语教育界达成共识，但是如何在具体的英语教学实践中坚持以学生为中心，处理好课堂教学与学生课外自主学习的关系，不少教师在认识上还比较模糊，对此感到困惑。于是，有学者发表论文，对教师中心与学生中心各自的理论根源、特点进行探讨和分析，并根据师生在教学中地位的变化总结出五类英语教学的模式。第一，教师中心模式。教师是主体，学生是客体。第二，学生中心模式。学生是主体，教师是客体。第三，以教师中心为主、学生中心为辅的模式。教师主导教学，学生是主体。第四，教师和学生都可以成为主体的模式。这种模式既可以以教师为中心，又可以以学生为中心，究竟谁是主体，要根据在教学活动中师生的具体作用而定。第五，教师中心与学生中心的综合模式。教师与学生互为主体，即互为双重主体。

综上所述，我国对英语教学模式的研究紧跟国际步伐，呈现多模式发展的趋势。不管采用哪种教学模式，最基本的目标都应该是激发学生学习英语的兴趣，创造良好的英语学习环境，提供丰富的英语学习资源，重视学生的学习策略，帮助学生树立较好的学习理念，使之善于解决学习中的困难。

（三）大学英语教学方法

英语教学法是一种研究英语教学理论和教学实践、英语教学过程和教学规律的方法。长期以来，英语教学界最为重视的就是教学方法。在其他条件等同的情况下，不同的教学方法会导致不同的教学效果。随着时代的发展，外部整体的学习环境发生了很大变化，教学模式也得到了改革，学生可以不再像以前那样完全依赖学校或者教师的授课，英语学习朝着个性化、主动式学习的方向发展。教学中若没有相应的教学方法，教学内容就不能很好地进行传授，教学目的也就较难达到。

在高新技术迅速发展的今天，社会对于英语人才的要求越来越高，学生不仅要有扎实的语言知识，还要具备良好的综合素质和交际能力。因此，为了顺应变化的学习环境和教学模式，满足新形势下英语人才的培养需要，我国大学英语教学的当务之急就是改革教学方法，创造新的教学方法，寻找最优的教学方法。寻找最优的教学法就是寻找适应特定社会环境、教学环境、教学对象、教学目的和教学要求的教学法，保证其能在充分发挥现有条件的基础上达到最好的教学效果，而不是追求统一的、唯一的方法。任何教学法都有其产生的特定背景，并不能服务于所有教学目的，也不能适用于各种学习阶段，能达到最好教学效果的方法就是最优教学法。各高校在选择教学法的时候，要充分考虑学校教学环境、教学设备、学生整体水平以及师资力量等客观因素，结合教学目的与任务、教学内容、教学组织形式等教学基本方面，对现有的英语教学法进行重新组合与搭配。

英语教学法是英语教学中的一个重要方面，是为完成教学任务，确定教师怎样教、学生怎样学以及实现师生相互作用所采用的方式、手段和途径。英语教学法是一定历史背景和社会环境的产物，是由不同的教学阶段以及教学要求决定的。不同的英语教学法产生于英语改革教育的实践，受制于英语教育的目的，不同的英语教学法并非相互对立的，而是相互依存的。各类教学法在见解上相互借鉴，理论内容上互相融合。

1．语法翻译教学法

语法翻译教学法始于18世纪，是我国早期大学英语教学主要采用的方法。语法翻译教学法强调学生母语在教学过程中的重要作用，强调母语和英语共同使用，认为将母语与英语的异同挖掘出来有助于学生更加明确地理解英语。现代语法翻译教学法主张以学习语法为核心，将其作为英语学习的主要内容，教师只需具备英语语法基础知识和母语与英语互译的能力就可在语法理论的指导下开展教学。课堂教学以教师讲解为主，学生被动接受，让语法为阅读教学服务。语法翻译教学法把口语和书面语分离开来，把阅读能力的培养当作首要的教学目标。因此，语言知识的学习、词汇的理解、语法的讲解成了课堂的教学重点。在教学中，翻译既是手段又是教学目的，对语法学习的强调、对理性知识的重视虽然加深了学生对目标语言的理解，对阅读、翻译、写作等方面的培养行之有效，但是围绕着语法规则的记忆与机械性训练仍占据首要位置，学生运用英语进行口语、书面交际的能力仍然比较薄弱。

2．情境教学法

情境教学法也叫视听法，主要解决听说法脱离语境、孤立练习句型、影响学生有效使用语言的问题。20世纪50年代，情境教学法在法国产生。情境教学法是教师根据课程所描绘的情境，创设出形象、鲜明的投影图画，辅以生动的文字语言，并借助音乐的艺术感染力再现课文所描绘的情境，师生在此情景中进行教学的一种情景交融的教学活动。

在情境教学法中，语言被看作与现实世界的目标和情境有关的有目的的活动。情境教学法能够激发学生学习英语的积极性和热情，帮助学生更为准确和牢固地完成对英语知识点的记忆。情境教学法可获得有价值的感性材料，实现英语教学理论与实践的有机结合，为英语的语言知识学习提供良好的条件。情境教学法的不足之处是在运用过程中强调通过情景操练句型，在教学中只允许使用目的语而完全排除母语，这不利于对语言材料的理解和运用。若教师过分强调整体结构感知，就无法保证学生对语言材料的清楚认识。

3. 交际教学法

交际教学法由英国语言学家威尔金斯（Wilkins）提出，其历史可以追溯至20世纪60年代。威尔金斯指出语言交际能力不仅包含语言知识，还应包含语言运用的能力，尤其应该注意语言运用的得体性，它包括对交际时间、交际场合、交际话题、交际方式等诸多因素的灵活把握和运用。交际教学法使语言教学观发生了革命性的变化，在英语教学中发挥了巨大的作用。它提倡以语言功能项目为纲，强调在语言运用中学习语言，从而实现培养交际能力的教学目的。交际教学法能够在师生共建的课堂互动模式中给学生提供更多使用语言的机会。在继承传统教学法合理成分的基础上，交际教学法将培养学生能够运用英语的语言能力作为学习目的。交际教学法强调交际的过程，认为是否有具体的目标和明确的结果并不重要。

交际教学法认为语言是实现交际目的的手段，但是仅仅具有听、说、读、写能力并不一定就能准确表达和理解思想，因为语言的交际功能受制于语言活动的社会因素，教学过程必须交际化，所以意味着要尽可能地避免机械训练，应该让学生在真实的或接近真实的交际场合中进行练习，感受情境、意念、态度、情感和教学修养等因素是如何影响语言形式的选择和语言功能发挥的。因此，教师应借助课堂或者多媒体教学，多为学生创造、提供交际情景和场合，在真正意义上实现“用语言去学”和“学会用语言”，而不是单纯的“学语言”，更不是“学习关于语言的知识”。

4. 直接教学法

直接教学法起源于19世纪末期，法国拉丁语教师古安（Gouin）称自己的教学方法为“直接法”，亦称“自然法”，主要指在教学和学习过程中不依赖于学习者的本族语，而是通过思想与外语的直接联系组织教学。这一教学方法后来改名为“直接教学法”。古安发明“直接法”有着相关的背景。他去德国学习德语时，采用了他教授拉丁语的方式，他花了较多的时间记忆语法规则和不规则动词，结果在课堂上他还是很难听懂德语。然而他发现儿童学习德语非常快，他们并没有按照语法翻译那样先学规则，后学单词，然后遣词造句。在观察的基础上，古安发明了一种学习句子的方法，即每个句子先通过听，然后通过看和动手写来巩固。整个教学均与动作相联系，与日常生活有关。这一方法与“语法翻译法”在三个方面产生了较大的差别，给人一种新的感觉：一是教学内容不再是古板的书面语，而是生活中遇到的语言素材；二是强调了直观的教学方式，使教学形式更加活跃，有利于提高学习者的学习兴趣；三是突出了听和说的语言实践。

然而，进一步推动和使直接教学法得到普及的是贝力兹（Berlitz）、帕尔默（Palmero）和伯利兹（Berlitz）。其教学思想主要反映在以下几个方面。

第一，培养口语能力，达到以英语思考为主要教学目的。

第二，采取英语单元教学，不使用学生的本族语。

第三，采用在教师引导下进行会话、问答为主体的教学形式。

第四，有计划而非随意地选择词汇，选择标准是词在口语交际中的使用频度。

第五，语法在语言教学中不再起主要作用，将语法教学放置在一个次要的位置。

伯利兹的教学思想通过其在美国开办了一所语言学校得到体现。对直接教学法的发展起到重要影响的是帕尔默。与伯利兹不同的是，帕尔默一生出版了较多的论著，这些论著可分为两类，一类阐述他的教学思想和理论。他的论著和教学用书较全面地体现了他的教学思想，可概括为以下五点。

第一，语言学习的实质是形成习惯。需要重视语言活动的流利性，尽可能避免错误的出现，出现错误需要及时纠正。

第二，强调自然学习能力和正规学习能力的融合，两种能力的兼顾才是有效的教学方法。

第三，在英语学习的初级阶段，需培养学习者潜在的自然学习语言的能力，重点是听力理解、音标教学、语音训练等。

第四，重视英语教学的顺序，提出了“五个先于”的原则。即口语先于书面语、理解先于表达、流利先于准确、句子先于单词、实例先于规则。

第五，应该采用多元化的教学手段吸取各种教学思想、教学方法之所长。

伯利兹和帕尔默的教学思想得到比较广泛的接受，并在一定的范围内付诸实施。可以说直接教学法的普及与伯利兹和帕尔默有着直接的联系，同时与当时的历史环境，以及人们对英语的需求发生变化有着必要的联系。首先，社会的发展，不同民族之间的交往要求人们能够用英语交流。这种对口语的需要是产生直接教学法的社会背景。其次，人们对语言产生的新认识也促使英语教学采取了新的实践方式。

二、大学英语听力基础知识

《大学英语课程教学要求》对大学英语听力教学的目标有如下三个层次的要求。

一般要求：能听懂英语授课；能听懂日常英语谈话和一般性题材的讲座；能听懂语速较慢（每分钟130～150词）的英语广播和电视节目，能掌握其中心大意，抓住要点，能运用基本的听力技巧。

较高要求：能听懂英语谈话和讲座；能基本听懂题材熟悉、篇幅较长的英语广播和电视节目（语速为每分钟150～180词），能掌握其中心大意，抓住要点和相关细节；能基本听懂用英语讲授的专业课程。

更高要求：能基本听懂英语国家的广播电视节目，掌握其中心大意，抓住要点；能听懂英语国家人士正常语速的谈话；能听懂用英语讲授的专业课程和英语讲座。

由以上目标可知，英语听力教学活动的开展并非为了检测对听力技巧的掌握程度，而是以促进英语听力理解和英语技能运用能力的提高为目标。因此，教师在英语听力教学中不仅要训练学生的英语听力能力，还要帮助学生掌握听力材料中的知识点，达到听力技能训练与信息获取的双重目的。

听力知识的教学包括语音知识、语用知识、教学知识等内容。听力理解的首要任务就是进行语音解码，因此语音知识不仅是语音教学的内容，而且是听力教学的内容。在英语听力教学过程中，教师必须教授学生相关的发音、重读、连读、意群和语调等知识。此外，掌握一定的语用知识、教学知识对于听力理解也是非常重要的。如果对目的语国家教学知识不了解，学生在听的过程中就可能产生歧义，最终将无法准确理解所听到的内容。如果学生缺乏相关的语用知识，在听力过程中就较难推断、理解双方的会话含义与意图，最终影响听力理解的质量。

三、大学英语阅读基础知识

《大学英语阅读教学大纲》明确指出："阅读是掌握语言知识、打好语言基础、获取信息的重要渠道。阅读能力是大部分大学生今后工作所需要的主要语言技能。"《大学英语课程教学要求》对大学英语阅读教学的目标有如下三个层次的要求。

一般要求：能基本读懂一般性题材的英文文章，阅读速度达到每分钟70词。在快速阅读篇幅较长、难度略低的材料时，阅读速度达到每分钟100词；能就阅读材料进行略读和寻读；能借助词典阅读本专业的英语教材和题材熟悉的英文报刊文章，掌握中心大意，理解主要事实和有关细节；能读懂工作、生活中常见的应用文体的材料；能在阅读中使用有效的阅读方法。

较高要求：能基本读懂英语国家大众报纸杂志上一般性题材的文章，阅读速度为每分钟70～90词。在快速阅读篇幅较长、难度适中的材料时，阅读速度达到每分钟120词；能阅读所学专业的综述性文献，并能正确理解中心大意，抓住主要事实和有关细节。

更高要求：能读懂有一定难度的文章，理解其主旨大意及细节；能阅读国外英语报刊上的文章；能比较顺利地阅读所学专业的英语文献和资料。

在具体的教学过程中，教师应根据实际情况，参照相应的教学目标，实时调整教学内容，并在此基础上进行必要的拓展和延伸。

四、大学英语口语基础知识

《大学英语课程教学要求》对大学英语口语教学的目标有如下三个层次的要求。

一般要求：能在学习过程中用英语交流，并能就某一主题进行讨论；能就日常话题用英语进行交谈；能经准备后就所熟悉的话题作简短发言；表达比较清楚，语音、语调基本正确；能在交谈中使用基本的会话策略。

较高要求：能用英语就一般性话题进行比较流利的会话，能基本表达个人意见、情感，观点等；能基本陈述事实、理由和描述事件，表达清楚，语音、语调基本正确。

更高要求：能较为流利、准确地就一般或专业性话题进行对话或讨论；能用简练的语言概括篇幅较长、有一定语言难度的文本或讲话；能在国际会议和专业交流中宣读论文并参加讨论。

由此可见，随着英语学习的深入，教学目标的深度和难度都在相应增加。这些教学目标的完成不仅需要学生自身的努力，更需要教师根据教学的实际情况、学生的发展阶段选择合适的教学方法，制定合适的教学计划，不断改进教学模式，循序渐进地促进学生口语水平的提高。

口语教学的根本目标是提高学生的口头交际能力。要实现此目标，我们首先必须明确口语教学的内容。口语教学的内容主要包括语言形式、语言教学、会话策略与技巧三个方面。

五、大学英语写作基础知识

写作是一项综合性语言技能，写作能力直接体现了作者的语言水平和语言综合应用能力。英语写作教学在英语教学中占有重要地位。胡春洞在其主编的《英语教学法》中很好地总结了写作教学的作用："写作是综合性很强的语言运用形式，进行英文写作，词汇、语法，句型、课文都会自然得到复习和巩固，由领会掌握提高为复用掌握或活用掌握。经常进行写作，即书面表达练习，口头表达能力也会随之得到有潜在性的发展，读和听的能力会间接受益。"

《大学英语课程教学要求》对大学英语写作教学目标有如下三个层次的要求。

一般要求：能完成一般性写作任务，能描述个人经历、观感、情感和发生的事件等；能写常见的应用文；能在半小时内就一般性话题或提纲写出不少于120词的短文，内容基本完整，中心思想明确，用词恰当、语意连贯；能掌握基本的写作技能。

较高要求：能基本上就一般性的主题表达个人观点；能写所学专业论文的英文摘要；能写所学专业的英语小论文；能描述各种图表；能在半小时内写出不少于160词的短文，内容完整、观点明确、条理清晰、语句通顺。

更高要求：能用英语撰写所学专业的简短报告和论文；能以书面形式比较自如地表达个人的观点；能在半小时内写出不少于200词的说明文或议论文，思想表达清楚、内容丰富，文章结构清晰、逻辑性强。

在英语写作中，具备结构完整、内容充实、语言流畅、和谐连贯、语句简洁等特点的文章就是一篇好的文章。写作的优劣取决于内容、结构和风格技巧的运用。因而，在大学英语写作教学中，结构、句式、选词等依然是重点教学的内容。

六、大学英语翻译基础知识

《大学英语课程教学要求》对大学英语翻译教学的目标有如下三个层次的要求。

一般要求：能借助词典对题材熟悉的文章进行英汉互译，英译汉速度为每小时 300 个英语单词，汉译英速度为每小时 250 个汉字，译文基本准确，无重大理解和语言表达错误。

较高要求：能摘译所学专业的英语文献资料；能借助词典翻译英语国家大众报刊上题材熟悉的文章，英译汉速度为每小时 350 个英语单词，汉译英速度为每小时 300 个汉字，译文通顺达意，理解或语言错误较少；能使用适当的翻译技巧。

更高要求：能借助词典翻译所学专业的文献资料和英语国家报刊上有一定难度的文章；能翻译介绍中国国情或教学的文章。英译汉速度为每小时约 400 个英语单词，汉译英速度为每小时约 350 个汉字，译文内容准确，基本无错译、漏译，文字通顺达意，语言表达错误较少。

翻译教学的主要内容包括三大部分。

第一，翻译基础理论部分。

学习翻译基础理论能够帮助学生从宏观上把握和决定组织译文的思路。翻译基础理论知识包括对翻译活动的认识、对翻译标准和翻译过程的了解、对译者的要求（即译者的素养）、工具书的运用等。下面重点介绍翻译过程。张培基在《英汉翻译教程》（修订版）中将翻译过程分为三个阶段：理解、表达和校核。

第二，英汉语言对比部分。

英汉语言对比不仅在语义、词法、句法、文体篇章这些语言层面上要对英汉两种语言进行比较，掌握其异同，还要进一步在教学层面、思维层面进行英汉对比，以便在翻译过程中完整、准确、恰当地传达出原文的信息。

第三，翻译技巧与翻译实践部分。

翻译技巧就是为了保持译文的通顺，在内容大致不变的前提下，对原文的表现方式和表现角度进行改写的方法。常用的翻译技巧有调整语序、转换词性、正译与反译、增补与省略、主动与被动、句子语用功能的再现等。

翻译实践就是如何在翻译理论的指导下更好地进行翻译。因此，如何科学、合理地构筑翻译学理论体系，并将其运用到翻译教学中，也是翻译学研究的重要课题之一。

第三节　大学英语教学现状

受到传统教学方法的影响，我国的英语教学在发展过程中出现了较多问题。下面对大学英语教学的现状进行研究，从而更加科学地指导教学工作的展开。

一、教学模式单一

在我国部分地方的大学英语教学中，仍存在教学模式单一的问题。在教学过程中，教师是教学的中心，教师利用黑板、粉笔、课本进行固定的教学活动。虽然随着多媒体技术的发展，英语教学活动变得相对多样，但是教师的教学仍然采取单向的知识灌输方式，忽视了学生在学习中的主体地位。

出现这种现象最主要的原因是教师没有从根本上摆脱传统教学观念的束缚。在这样的教学模式中，教师基本采取“满堂灌”的教学方法，课堂教学互动较少，学生的交际能力也无法得到有效的培养与提高。对于教师而言，教学过程变成了简单的重复过程，缺乏创新，学生接受知识的过程枯燥、无趣，因此其课堂学习效率较低。

二、教材选用不当

教材是英语教学的纲领性材料，对教学质量和学生语言能力的提高有着重要的影响作用，但是纵观我国使用的英语教材，其中有一些问题影响着教学质量的提高。

首先，教材的编写受到教学大纲的限制，其所附录的词汇在一定程度上与大学之前的词汇重复。有关调查显示，在《大学英语教学大纲》规定要求掌握的4200个单词中，有1800个是在重复中学词汇。随着学生学习阶段的不断推进，英语词汇表中的词汇也应该是全新的，或者在释义上要在中学词汇表的基础上有所延伸和拓展。

其次，当代英语教材在内容选择上多以文学为主，忽视了实用性内容，这不利于培养学生的英语应用能力。教材的更新速度较为缓慢，有的教材可以连续使用较多年。此外，由于传统英语教学对口语的要求较低，教材中很少有实用性很高的口语练习。虽然现在越来越多的实用性新教材不断出现，但是有些教材太过简单，不利于提高学生英语水平，有些教材一味地增加口语练习，导致与上一阶段的学习脱节。这些教材都不能达到理想的教学和学习效果。

三、能力培养失衡

众所周知，语言具有两套系统：表达形式和表达功能，但是目前我国的英语教学过程中比较重视语言表达形式的教学，忽视了对学生语言表达能力的培养。虽然《大学英语教学大纲》对大学英语的教学目标提出了明确的要求："培养学生具有较强的阅读能力和一定的听、说、读、写、译能力，使他们能用英语进行交流。"但是有一部分学生实际运用英语的能力并不强，听、说方面的能力较差，出现学生在实际应用中"听不懂，说不出"的局面。

此外，"费时低效"的问题在英语教学中较为明显。英语教学"费时低效"的问题是李岚清于 1996 年在一次外语教育座谈会上提出的，我国目前的外语教学、教学方法普遍存在"费时较多，收效较低"的问题，亟待研究改进。大学英语作为一门大学公共课，一般在大学一二年级开设，时间跨度为两年。据有关学者分析，很多大学生几乎把前两年大学生活的一半时间和精力用在英语学习上，但效果并不理想。"费时低效"问题的原因主要如下。

第一，与大学英语四、六级考试这种分析性的考试密切相关。

第二，与教学中一直以来强调的记忆式学习有关，教学中只注重英语知识的积累，却忽视了让学生运用这些知识去交流。

第三，与我们所处的社会环境有关，学生在课堂上学习到的英语知识没有机会在实际生活中得以运用。

总的来说，英语教学一定程度上忽视了对学生语言表达能力的培养，导致学生语言能力发展失衡。当前社会是一个信息型社会，英语作为获取外语信息的主要语言工具之一，其主要功能必须引起我们的重视。

四、师资力量匮乏

目前，我国高等教育扩招的人数越来越多，这会导致英语教师不足。英语教师的教学任务十分繁重，大部分英语教师都在超负荷工作。一名普通的大学英语教师一周至少有 12 课时的教学任务，同时要进行备课、设计教学、批改作业、课后答疑及科研等，过重的教学任务使教师失去了较多自修的时间，很少有机会进行教师的专业进修。

五、教学意识淡薄

目前，我国英语教学活动还停留在传统的语言教授层面，教学涉及的很少。出现这一现象的原因主要有以下几个方面。

第一，教师自身所受的教育是传统的英语教育，因此教师的教学观念存在一定程度的偏差。在课堂教学中，大部分英语教师更多关注学生掌握语言形式的正确性，很少教授英语教学知识及如何正确运用语言进行交流。

第二，英语属于第二语言，教师缺少英语学习的社会环境，其本身掌握的教学知识比较零散、琐碎。

第三，教师的教学任务较为繁重，很少有时间和精力进行教学研究。

六、忽视主体作用

我国的英语教学中长期贯彻“以教师为主”的原则，忽视了学生的主体作用。一般情况下，教师对知识的讲授占用课堂的主要时间，学生参与的机会较少，使学生成为语言知识的接受者，使学生的学习变成了被动的学习。英语教学的主要任务是学生的“学”，而不是教师的“教”。正如科德（Corder）所说：“有效的语言教学不应违背自然过程，而应适应自然过程；不应阻碍学习，而应有助于学习，并促进学习；不能令学生去适应教师和教材，而应让教师和教材去适应学生。”在这里，自然过程指的就是让学生成为英语知识主动的学习者。

七、忽视兴趣培养

英语教学中还普遍存在忽视学生语言学习兴趣培养的问题。同时，现在的学生还要面临各种各样的考试，在这样的学习环境下，学生的学习不是需要和享受，可能一提到英语学习就会产生紧张、害怕的情绪。

八、偏离教学目标

虽然英语教学与大学英语四、六级考试之间并无必然联系，考试只是学生自主选择参加的，是用于评定英语教学质量的方式之一，但是由于大学英语四、六级考试是国家组织的全国性考试，也是用人单位聘用人才的重要依据之一，因此考试的通过率成为很多高校英语教学的主要目标。一些学校片面利用大学英语四、六级考试结果来评价英语教学工作，这在一定程度上影响了英语教师的教学工作，不仅给贯彻执行《大学英语教学大纲》所规定的教学目标和要求造成了障碍，也增加了教师的心理负担。

为了通过考试，教师花费了大量时间在讲授语法和词汇上，而学生则把时间用在了大量做模拟试题上。在这个学习过程中，学生只是追求标准的答案，过分依赖教师的讲解，忽视了课堂讨论等交际活动，最终导致学生应试技能较强而交际能力得不到提高。虽然学生在考试中游刃有余，但是在真正需要和国外人士交流时，却显得手足无措。

总之，当代英语教学的现状仍存在一些问题。比如，注重表达形式而忽视表达功能，造成了“以教师为中心”的教学模式；在教学中忽视学生主体作用，造成了学生学习的被动性和依赖性；“满堂灌”的教学方法不仅不利于培养学生的学习兴趣，也使学生的语言表达能力无法得到提高等。这些问题是当代大学生英语学习中出现“费时低效”“哑巴英语”的主要因素。

第二章　大学英语教学的理论

《大学英语课程教学要求》指出：“大学英语的教学目标是培养学生的英语综合应用能力，特别是听说能力，使他们在今后的生活、学习、工作和社会交往中能用英语有效地进行交流，同时增强其自主学习能力，提高综合教学素质，以适应我国社会发展和国际交流的需要。”英语教学是一种科学性的教学，是建立在一定的理论基础之上的，但是由于理论研究者的侧重点不同，所形成的理论对英语教学也有着不同的影响。对英语教学理论基础的学习能够提高英语教学的有效性和科学性。

第一节　大学英语教学基本理论

一、结构主义理论

结构主义理论对英语教学有着重要的影响。这一理论是在20世纪中期兴起的，下面以美国和英国的研究为例来进行阐述。

（一）美国的结构主义理论

美国的结构主义理论研究是从印第安人的口头语言开始的。语言学家通过符号语言将印第安人口头话语如实记录，进而对这些口语样本进行不同层面的研究，找出语言之间的结构与特征。美国的语言学家认为，语言可视为把意义编成语码的系统。这个语言系统主要包含和结构相关的成分，如音位、词素、单词、结构和句型。一个完整的语言系统包括它的音位系统、词素系统和句法系统。在音位系统里，应该描述音位、音位变体、音位组合的规则；在词素系统里，应该描述词素、词素变体、自由词素和黏着词素等成分和结构；在句法系统里，词的分类、短语分析、直接成分分析和句型的类型应描述清楚。

在随后的研究中，美国结构主义语言学家使用印第安口语研究方法对其他有文字的语言结构进行分析与描述，并发现口语与传统语法存在不一致性。

美国结构主义语言学家认为，口头常讲的话语不应受到传统语法的轻视并被视为错误的表达方式。他们认为，口语是活的语言，学习语言要先学习口语。而学习口语就是要学习该种语言“当地人”所说的话，而不是按某些语法书所讲的那样。美国结构主义语言学家在研究和分析其他语言的过程中，还发现很多语言有自己独特的语言结构，不同的语言有其不同的词素系统、音位系统和句法系统。不同的语言在上述三个系统中的成分、结构都是不同的。因此，在语言的学习过程中要注意到语言的差异性。

美国结构主义的语言研究成果对外语教学改革的发展着重要影响，并为其提供了理论基础。

1961 年，美国语言学家威廉 · 莫尔登（William Mouton）在为第九届国际语言学家会议准备的报告上总结出了教学法应该遵循的主要原则：语言是口语，不是书面语；语言是一套习惯；教授语言，而不是教授有关语言的知识；语言是讲那种语言本族语的人所说的话，而不是某人认为他们应该怎样说就怎样说；各种语言不尽相同，存在着差异。

上述话语是对结构主义语言观的具体描述，也可以说是学者对当前结构主义语言学观的总结与具体描述。这些描述的叙述直接影响着听说法的建立与发展，并逐渐成为听说法的语言观。

（二）英国的结构主义理论

对于语言结构的研究，英国语言学家也做出了重大的贡献，并取得了重要的成果。英国语言学家对语言结构的研究主要关注句型结构。

1.20 世纪 20 年代

英国语言学家帕尔默（Palmer）、霍恩比（Hornby）和其他的语言学家从 20 世纪 20 年代开始便共同致力于对英语句型特点的研究。在研究过程中，这些学者将英语的语法结构以句型的形式进行总结与归纳，这些研究成果最后体现在霍恩比著的《英语习语及句法词典》中。这部词典于 1940 年脱稿，两年后交与东京开拓社付梓。1948 年，他编纂的词典由牛津大学出版社重新发行，更名为《当代英语学习词典》。该词典随后的若干版本一直是英语教学出版界巨大的商业成功。

2.20 世纪 60 年代

20 世纪 60 年代早期，第一语言习得理论的研究实验中对儿童的内在语法进行了关注，这些研究对第二语言习得的发展有着积极的促进作用。在这个时间段内，乔姆斯基（Chomsky）的理论主导了语言习得领域，创造出了著名的独立语法设想——语言习得机制模式。从 20 世纪 60 年代晚期开始，第二语言习得的研究取得了飞速发展。因此，可以说第二语言习得的研究是从这个阶段真正开始的。在这个阶段，研究者对第二语言关注的重点是语言教学法，并热衷于提高第二语言的教学质量，以及针对人类如何学习语言展开研究。

3.20 世纪 70 年代

从 20 世纪 70 年代起，第二语言研究的重点从教师转向了学生。在这个阶段，二语习得认知理论，如中介语理论的出现在全世界范围引起了轰动，有人称之为“第二次学习革命”。

4.20 世纪 80 年代

从 20 世纪 80 年代开始，第二语言研究的重心又发生了很大的变化。人们把目光由描述二语习得理论的确立转向解释二语习得理论的测试，且与此有关的出版物也相继问世。

在这一阶段，两种理论得到了充分的发展，即普遍语法理论和二语习得理论。越来越多的人开始对第二语言习得研究感兴趣，其中包括对二语习得理论的研究，很多语言学家和应用语言学家为第二语言习得研究花费了大量心血。

霍恩比在《英语句型和惯用法》一书中对英语动词句型进行了总结，并最终确定为 25 种，其中包括 6 种名词句型和 3 种形容词句型。这本书在论述过程中使用大量的语言实例来说明句型的意义并解释句型与句型之间的可转换性，增加了不少实用性。

1988 年出版的《牛津现代高级英汉双解词典》就沿袭了霍恩比等人对英语句型的分类和描述。这也反映出英国语言学家对语言结构的研究对外语学习所产生的影响。英国语言学家对语言结构、句型结构的研究成果也成为口语法（情境教学法）的理论基础。

二、二语习得理论

二语习得理论是英语教学的重要基础理论，下面分别从国外和国内的研究角度对其进行研究。

（一）国外二语习得的研究

根据相关研究资料，按照时间发展顺序可将国外二语习得的研究分为以下三个阶段。

1.20世纪50年代以前

20世纪50年代以前，人们对母语与第二外语的认识仅仅源于行为主义理论。在这个阶段，语言学家发表了大量与行为主义相关的作品，但是艾弗拉姆·诺姆·乔姆斯基（Avram Noam Chomsky）却在行为主义的大背景下发表了与这种观点相悖的理论，并且对行为主义进行了研究。

2.20世纪90年代至20世纪末期

20世纪90年代以后，许多研究者继续研究并试图解释人们获得第二语言的过程。同时，研究者提出了很多不同的研究方向。有的研究者对语言理论和第二语言习得的关系感兴趣，有的研究者则热衷于研究二语习得理论、语言教学法和语料库语言学之间的关系。

3.21世纪后

进入21世纪后，一些研究者把研究的重点从强调学习者的内在因素转向研究学习的社会教学因素，并出版了很多相关的作品。这一阶段的二语习得理论主要是认知理论和社会教学理论。

（二）国内二语习得的研究

中国的二语习得研究起步较晚，其成果也较落后于国外的研究。根据相关资料显示，国内二语习得研究可分为三个阶段。

1.1984年到1993年

这一时期是二语习得理论的介绍、探讨和初步应用的阶段。中国真正开始进行二语习得理论的研究是在20世纪80年代。北京外国语大学胡文仲教授在《外国语》1984年第1期发表了《语言习得与外语教学——评介Stephen D. 克拉申关于外语教学的原则和设想》一文，这是国内学者发表的介绍二语习得理论的第一篇文章，标志着二语习得研究在我国正式起步。

随后，我国的各类期刊上陆续发表了关于二语习得理论的文章，主要涉及理论和研究综述、中介语研究、二语学习者认知机制研究、二语学习者个体差异研究、二语习得的外部因素研究、课堂教学与二语习得研究等。

2.1994年到2004年

在这一时期，我国的二语习得研究已经基本覆盖了理论框架中的主要方面。

这一时期的研究主要包含以下几个方面。

从研究类别看，涉及理论研究和应用研究。

从研究方法看，有逻辑式、思辨式和经验型的文献性研究和基于第一手资料来源、手段趋向科学化的实证性研究。

从研究层面看，已从语素、语音、语法层面发展到话语和语用层面。

从研究面向的对象看，分为以英语为第二语言和以汉语为第二语言的习得研究。很多学术研讨会还专门设立了第二语言习得研究专题以进行专门讨论。在这个时期，大批关于二语习得理论的著作与论文得以发表，同时在高等院校中专门设立了第二语言习得研究专业方向。

3.2004 年至今

2004 年至今，二语习得研究从过去的单纯认知方面研究转向认知与社会教学相结合的研究阶段。社会教学理论近年来得到了很多学者的关注，因此其对二语习得理论的发展也有着重要的影响。

不可否认，中国学者的相关研究和探索也有力地推动了世界范围内二语习得研究的发展，但是相关领域还有很多问题有待解决，二语习得的研究任重道远，仍需要继续努力和持续探索。

三、行为主义理论

行为主义诞生于 20 世纪 20 年代，其早期的代表人物是华生（Watson）。华生对行为主义的研究主要集中在人和动物的心理上，他主张用客观的方法研究可以直接观察到的行为。华生认为人和动物的行为有一个共同的因素，即刺激和反应。心理学应该关注外部刺激怎样决定某种反应，而不应操控行为的内部过程。在华生看来，人和动物的一切复杂行为都是在环境的影响下通过学习而获得的。他提出了行为主义心理学的公式：刺激—反应（S—R）。

早期的行为主义没有用实验的方法系统地研究过语言和言语行为，但他们的刺激—反应公式对结构主义语言学产生了很大的影响。结构主义大师布龙菲尔德（Bloomfield）的代表作《语言论》就是以行为主义的刺激—反应公式为理论依据的。在《语言论》一书中，用杰克（Jack）让吉尔（Jill）摘苹果的例子，说明了刺激—反应的语言行为模式。在阐释过程中，布龙菲尔德抛开杰克和吉尔的意识，特别重视声音作为言语行为的研究，他从物理的声波引申到语言教学过程的理论，即在语言教学中使教师对学生进行声音刺激，再由学生对声音刺激作出反应。

美国学者斯金纳（Skinner）对华生的行为主义进行了继承和发展。他在1957年出版了《言语行为》一书，提出了行为主义关于言语行为系统的看法。斯金纳认为，人们的言语、言语的每一部分都是由某种刺激的存在而产生的。这里的某种刺激既可以是言语的刺激，也可以是外部的刺激或是内部的刺激。在他看来，人的言语行为和大多数其他行为一样，是一种操作性的行为，它通过各种强化手段而获得。在某一语言环境中，别人的声音、手势、表情和动作等都可以成为强化的手段。例如，教师可以通过语言表达赞扬、肯定、满意的情感，从而使学生的某种言语行为得到强化。言语行为在不断得到强化的同时，学生也能逐渐学会使用与其语言系统相适应的语言形式。在学习时，只有反应重复出现，学习才能发生。因此，重复的出现在学习中是相当重要的。

行为主义和听说法有着密切的联系。行为主义中的语言学习理论为听说法的建立奠定了理论依据。行为主义研究认为，语言技能的掌握必须通过一定的刺激—反应—强化的过程实现。因此，在具体的学习过程中，学生会对教师讲授的语言知识作出反应。教师应该强化学生的反应，并使正确的反应重复出现。同时，教师在教学中还要培养学生学习习惯的养成，并对学习中的错误进行适当的处理。

四、对比和错误分析理论

对比和错误分析理论对英语教学的发展也有着重要的引导作用。下面对其进行分析介绍。

（一）对比分析与迁移

对比分析的心理学理论基础是行为主义心理学中的刺激—反应公式和联想理论。对比分析是一种应用性对比分析研究的理论，其运用对比分析的方法，对英语教学过程中的难点进行分析，从而找出难点，最终提高语言学习的质量。

20世纪60年代以前，对比分析在欧美行为主义心理学和结构主义语言学的基础上产生。该理论认为外语学习是一种从母语习惯向外语习惯转移的过程，如果教师已经将外语与学生的母语进行了比较，就能更清楚地知道真正的问题所在，也就能为教授这些难点做好准备。当时人们认为，只要知道了母语和目的语的异同，就可以预测出在目的语的学习中会出现什么错误，而一旦产生错误，也可以用对比分析的方法做出分析和解释。

美国语言学家拉多（Lado）的著作《跨文化语言学》是关于对比分析的专著。拉多认为，母语的干扰是困难出现和错误发生的根源。进一步讲，母语与所学外语的结构上的不同是症结所在。所以，在外语教学中，应该集中精力解决语言结构上的差异问题。一般来说，语言之间的差异与学习中的困难成正比，也就是说，两种语言的差异越大，对学习造成的困难就越大。拉多建议，教学大纲的设计、教材内容的选择以及考试内容的确定都要以对比分析为理论依据。不同母语学生使用的教材也应该有所区别。在《跨文化语言学》中，拉多还列举了不少例子来解释对比分析的做法并阐述他的观点。例如，怎样比较两种语言的语音体系，为什么学生在学习英语时总会带有某种特殊口音等。

对比分析的研究曾风行一时。事实上，结构主义的语言观、行为主义的语言学习模式和对比分析的方法结合在一起便构成了听说法创立的理论基础。

（二）错误分析

对比分析主要分析因两种语言结构上的不同而导致的学习困难。他们认为，第二语言与母语的差别越大，讲母语的人学习第二语言就越困难，母语对学习第二语言的干扰也就越大。如果外语教师了解这些，就可以清楚地知道语言的哪些方面可能对讲某种母语的人造成困难。这样，教师在教授语言时，就能集中教授对学生有益的语言结构。但人们后来发现，母语不是造成外语学习困难和错误的唯一因素，甚至出现对比分析没有预测到的错误发生但预测到的错误却没有发生的情况。因此，有的语言学家开始研究外语学习者的错误，总结、归纳他们错误的类型，在此基础上分析和总结出现错误的原因。

学习者的错误可以分为“行为错误”与“系统错误”。例如：

The thought of those poor children were really…was really…bothering me. 想到那些穷孩子就使我烦恼。

She teached me English. 她教我英语。

第一句话中的错误被称为“行为错误”，指的是语言使用层面上的错误。即英语使用者不但觉察到了其言语行为中不符合英语语法之处，而且及时纠正了它，在语言能力层面上使用者是知道关于某一特定语言项目的正确用法的。

第二句话中的语言使用不当，在心理语言学研究中被称为“系统错误”或“能力错误”，即学习者并没有意识到自己错在哪里，所以它与学习者的语言能力有关，而非语言使用层面上的问题，因此被称为“系统错误”。

不同的学习理论对错误有不同的看法，行为主义心理学将人类对语言知识与技能的掌握看成刺激与反应的产物，将语言学习视为一套习惯的形成。他们认为学生在使用外语过程中产生的错误是学习者尚未形成正确的习惯所造成的，外语学习的目标之一就是要学生纠正语言错误，如教师在课堂上常使用的句型操练法。

（三）对英语教学实践的启示

“语言迁移”指一个人在母语习得环境中获得的知识趋于向外语学习的迁移。外语学习者开始学外语时大都已是青少年或成年人，他们已基本掌握了第一语言，于是这一掌握的语言一直在起作用，影响其外语学习的整个过程，这种影响就是“语言迁移”的作用。按照产生的结果，迁移可分为正迁移和负迁移。当外语接近于母语时产生正迁移；当外语和母语在某些地方相似而在其他地方又不同时，就容易产生负迁移。

正迁移是指对学习有利的语言习惯转移，在母语与外语有相同形式时会出现这种情况，语言的正迁移可帮助学习者习得新语言。例如：

汉语：他们是教师。英语：They are teachers.

汉语：我们喜欢他。英语：We like him.

负迁移也叫干扰，它是由于套用母语模式或规则而产生的不符合外语规则的用法，会干扰新语言的学习。母语负迁移的情况很普遍。其中，成人学习者的母语对其外语发音的影响尤为突出，他们经常会把母语的语言规则运用到外语学习中去，而语法错误的出现说明学习者的母语交际能力也会发生负迁移。初学者在开始接触英语时，会根据汉语结构翻译英语，也就是我们常说的“中式英语”。例如：

有个学生站起来。

There is a student stand up.（错误）

A student is standing up.（正确）

三长两短

Three long and two short（错误）

Unexpected misfortune；something unfortunate；especially death（正确）

两面三刀

Two faces and three knives（错误）

Play a double game；be a double-dealer；be double-faced；be two-faced；carryfire in one hand and water in the other；double cross；double dealing；have two faces；say one thing and do another（正确）

行为主义心理学认为，学生在外语学习过程中产生的错误是由于正确的习惯还未形成，因此他们主张学生必须纠正语言错误，教师最好把学生的错误在萌芽状态消除，无论错误大小，要有错必纠，因为错误作为正确言语行为的偏差是不可接受的，更不会有积极意义。而事实上，这种做法并不是明智之举，因为根据对错误的分析，不是一切错误对交际的影响都是一样的，有的根本不影响交际，因此教师应当允许学生出现错误。教师要根据教学目的的不同，对不同的重点进行强调。例如，在训练句型时，教师应该集中精力识别整体错误，然后针对整体错误做针对性的练习，而不只是关注局部错误。

五、输出理论

在语言学习过程中，输出理论也具有重要的影响。下面对其进行研究。

（一）斯温纳（Swain）的输出假设

斯温纳认为，在第二语言习得过程中，输出具有重要的影响。斯温纳是在浸泡式教学实验基础上提出假设的。浸泡式教学的主要原则是将第二语言作为其他学科的工具，而语言则是理解这些学科信息及内容的伴随产品。斯温纳在加拿大进行的浸泡实验表明：尽管她的学生通过几年浸泡后获得的语言输入不是有限的，但他们并没有获得如本族语者那样的语言产生能力。她认为，这种情况的原因不是学生获得的语言输入有限，而是他们的语言输出活动不足。她认为她的学生没有足够的机会在课堂环境中使用语言，而且他们没有在语言输出活动中受到推动。斯温纳认为语言输出有三个作用：一是提供学习者进行检验自己提出假设机会的功能。二是促进学习者对语言形式注意的功能。三是提供学习者有意识反思机会的功能。

斯温纳主要对上述三个功能进行了论证。她认为，当学习者产生语言活动时，他们可能会碰到一些语言方面的问题，这些问题会使他们注意到某一个他们不懂或只懂部分的语言项目。这样学习者会注意到他们所需表达的意思和他们能用语言形式来表达该意思的差距。这种对语言形式的注意能帮助他们习得某一语言形式，因为这种对语言形式的注意会激活他们的认知活动，而这种认知活动有助于学习者巩固旧知识、学习新知识。

语言输出活动指的是学习者以交际为目的进行的新的语言形式与结构的尝试活动。他们可以通过语言输出查看自己提出的结构和形式是否行得通。从这个意义上来说，语言输出活动为学习者尝试提出自己的假设、检验自己的假设提供了机会。如果没有语言输出，学习者就不知道自己提出的假设是否正确。

斯温纳指出，“语言输出能够促使学习者进行有意识的反思活动。当我们说输出有检验假设作用时，通常认为输出本身就是假设”。[①] 因此，语言输出就是学习者对如何使用语言形式去表达某一意义的假设。这里我们没有提问过学习者他们的假设是什么，但可以从他们的语言输出推测他们的假设。在某种情况下，学习者不但揭示了自己的假设，而且用语言对假设进行了反思。这种对语言进行反思的活动，能促进学习者对语言进行控制和内化。

（二）输出假设对外语教学的启示

语言的输出活动能够帮助学习者提高语言使用的熟练程度，使学习者了解自己在学习过程中存在的问题。同时，这种学习活动能够激发学习者对自己假设的验证，促进其对学习的翻译活动。具体来说，输出假设对外语教学的启示主要表现在以下几个方面。

首先，从认知的角度进行分析，语言输出对二语习得是十分必要的。在外语教学的过程中，对语言输出活动的恰当安排能够提高语言学习的效率，因此有利于学习者掌握正确的语言形式。同时，需要注意的是，这种多层次的交际性语言输出活动无论是在教学过程中还是教材编写上都发挥着重要作用，因此能够提高学生的语言能力。

其次，在教材编写过程中设计和安排语言输出活动，如《高中英语》教材中就编写出了各种各样实际性的语言输出活动，如角色扮演、小组讨论、就一话题发表意见等。

最后，语言输出活动对语言学习的重要性被认识以后，不少教师都设计了较多的交际性的口头或笔头语言实践活动来进行教学，如让学生复述、开展辩论、进行小组讨论等。

六、输入理论

在语言学习过程中，除输出理论外，输入理论也发挥着重要作用，下面对其进行研究。

（一）克拉申（Krashen）的输入假设

语言学家克拉申提出了输入假设，“i+1”公式是他关于语言习得理论中的一个重要概念。在这个公式中，i 代表学习者当前的语言水平，1 代表略高于学习者

① 霍芳．大学英语教学理论与实践研究[M]．长春：吉林人民出版社，2018．

当前水平的语言材料。

具体而言，当学习者接触到略高于其当前语言水平的材料时，他们就能够通过理解和处理这些稍微超出自己能力范围的语言材料来促进语言习得。这个超过学习者当前水平的材料可以是一些新的词汇、语法结构或其他语言元素。

根据克拉申的观点，当学习者不断地通过接触目标语进行理解和获取材料时，他们就会逐渐扩展和加深自己的语言能力，使其提升到下一个更高的水平。这种持续的、逐渐增量的输入过程是语言习得的关键。克拉申认为，这种输入会引发学习者的自然语言习得机制，从而培养出自然的语言运用能力。

按照输入假设，人们可以流畅说话的能力是靠大量的听和读的练习，是通过接触大量的语言输入后自然习得的，而不是直接通过学习获得的。因此，说话的练习不能帮助习得。

（二）输入假设对英语教学实践的启示

输入假设对英语教学实践也有着重要的影响，主要表现在以下几个方面。

1．强调学生的主体地位

普遍语法的目的只是描述和解释语言，即研究语言。它和外语学习及外语教学没有直接联系，即使它在外语学习领域里很有影响，也只是和外语学习及外语教学间接相连。毫无疑问，普遍语法在外语学习研究中很有影响并富有成效。乔姆斯基挑战了传统教育观念，他提出，学习是一个习惯形成的过程，是由句型练习和结构训练共同造就的，在此过程中学习者会对语言学习产生一个全面的理解，知道它是一种有效的认识和创造过程。①

普遍语法理论直接启发了以普遍语法为基础的外语学习理论。普遍语法原始的研究与语言教学实践之间没有直接关系，然而长期以来这一领域的研究者及其所从事的国际语言理论研究却对语言教学有着一定的影响。此时，乔姆斯基在语言学领域的转换生成语法间接地对外语教学产生了巨大的影响，主要是因为他主张有必要划分表层结构和深层结构。比如，在外语教学过程中，强调学生的作用；在强调输入的同时，重视学习者的输出；关注学习者的学习动机和学习效果；鼓励学生自主学习和创造性学习；关注学习者是如何学习的；支持合作学习；重视激发学生内在的学习机制。

2．先听后说、先读后写

克拉申的输入假设重视输入活动，从微观层面对这个理论进行了分析，可以

① 乔姆斯基．乔姆斯基语言哲学文选[M]．徐烈炯，译．北京：商务印书馆，1992．

看出其强调先听后说、先读后写，这与我国中学阶段外语学习的状况不谋而合，原因包括以下几个方面。

第一，大多数中国人学外语不是为了口语交际，而是为了提高阅读和视听能力，并且目前大部分重要的考试只考阅读和听力，不考口语。这就要求在听说读写顺序上，听读领先，说写在后，说只是学外语的一项附属能力，而不是主要的考查点。

第二，在实际的教学中，重视听读有利于教学活动的开展，有利于对学生进行大量输入。

第三，语言的输入主要是听和读，在外语学习中，听和读既是手段（通过听和读掌握外语），又是目的，因为听和读本身就是能力。

第四，阅读在操作上方便、简单、易行，听也相对容易。综上所述，在外语学习中，听、说、读、写四种能力相比，按由易到难的顺序排列依次是读、听、写、说，换句话说，说最难。

常言道："读书破万卷，下笔如有神。"在我国，阅读的重要性无论如何强调都不过分。对学生的阅读要求若只拘泥于课本是不够的，必须加大学生的课外阅读量。在重视阅读的同时，还要重视听，因为听不懂就无法和别人交谈，实际上也就影响了输入，大量的听读有利于学习者说写能力的提高。传统的"语法翻译法"尽管可以给予学生大量的输入，但情感过滤、监察较多，不利于语言习得；"听说法"则输入量小，但机械的句型操练占用了大量时间，情感过滤也比较多，不利于语言习得。基于此，教师在教学过程中，为了给学生大量的输入，除了规定一定量的课外听、读材料外，也要将"沉浸法""沉默法""自然法"等引入教学。

3. 重视课堂教学的质量

对初学者来说，即使有了合适的环境，若接收的是大量的不理解输入，就等于浪费时间，还会容易失去信心。根据这一观点，我们应重视课堂教学，因为理想输入应该具备两个很重要的条件。

一是可理解性。为了增加语言输入的可理解性，在课堂教学过程中，教师应该注意发音的准确性、清楚性，同时应该注意语言的语速，从而增加学生的理解；多用规范语言，少用俚语；多用常用词，少用生僻词；多用简单句，少用复合句，给学生提供难易适中的阅读材料。

二是输入应引起学生的兴趣。教师在讲解时，输入要由浅入深、由易到难，其中包括讲话和阅读材料的提供。如果难度太大，学习者会被迫用汉语理解其内容或经常分析语法形式以便弄懂词义、句义，而不是用外语思考，从而影响学生的学习兴趣；如果生词过多，学生要靠频繁查词典理解语义，就会影响他们的学习兴趣。这与克拉申提出的“i+1”公式相一致。只有难度适中的材料，学习者才可能理解。

4. 合理使用母语

根据克拉申的“自然习得语法顺序的假设”可知，学习者学习外语时，母语和外语几乎有完全相同的习得语法顺序。他重新评价了第一语言在第二语言教学中的作用，对以前夸大第一语言在二语学习中起干扰作用的理论进行了纠正。我国外语学习者大都是在汉语环境中学习外语的。若把汉语视为学外语的障碍而在教学活动中不许使用汉语，那么某些情况下势必会影响大量的输入和输出。

需要指出的是，外语学习的过程并不是要求学习者彻底放弃母语，而是需要借助母语来更好地学习外语。在英语教学过程中，教师通过使用汉语能够使学生增加对语言的理解程度。当解释较难理解的定语从句时，教师应该考虑到学生的实际情况，灵活运用语言工具和方法，用学生能听懂的方式进行讲解，以帮助学生更好地理解和掌握语法知识。

5. 重视习得和学习相结合

克拉申认为，运用第二语言的流利程度不是通过学习语言规则达到的，而是在合适的输入环境中慢慢形成的。[①] 学习第二语言时，习得是首位的，学习是次位的。根据中国外语教学的现状可知，学生不可能在外语环境中习得外语，最终获得的外语能力主要来自课堂上有限时间内的学习，对他们来说，习得和学习同等重要。当然，外语教师要尽量创造和利用外语学习环境，使习得与学习更好地结合起来。例如，老师可以鼓励学生们参加英语角活动，或者与外国友人交朋友，进一步交流。

七、中介语理论

中介语又称“过渡语”“语际语”或“第二语言学习者的语言”。中介语的出发点是学习者的母语，目的地是地道的目的语，中间部分是中介语。中介语是英国语言学家塞林格（Selinker）于1969年在其论文《语言迁移》中首先使用的。1972年，他又在论文《中介语》中对其进行了比较全面的阐述，确立了它在第二

① 周波澜，杨芳芳，李艳．英语多元化教学与语言应用[M]．长春：吉林人民出版社，2021．

语言习得研究中的地位。在这之前，有些学者曾用过类似的术语，如“近似语言系统”“过渡能力”和“特殊的语言”等。然而，影响最大且使用最普遍的还是中介语这一说法。

中介语理论是在外语学习过程中形成的一种系统理论。其不同于学习者的母语，也和外语有所差异，常见于第二语言学习者和非母语教师的语言使用中。在学习外语的过程中，学习者会尝试用自己已经掌握的语言知识和语言结构来理解和表达目标语言，这就是中介语的基本特征。中介语研究是为了探索第二语言学习的本质，从而揭示其规律性，为英语教学的安排提供科学的理论依据。

中介语研究一般集中于两方面：母语和目的语的对比分析；学习者的错误分析。在外语学习过程中，使用中介语能够使学习者不断接近目的语，直至熟练地掌握目的语。从某种意义上说，应该将中介语视为学习者外语水平发展的一个必经阶段，它是一个动态的连续体，按照重建连续体的观点，中介语既受母语的影响又受外语的影响，在这个连续体里，一般顺序是由母语到中介语再到目的语。

通过对中介语理论的分析可以发现，学生在外语学习中的错误能够反映出中介语的发展情况。在教学过程中，教师不应过分苛责学生语言学习中的错误，应该从宏观上进行指导，而不必逢错必究。学习者在学习过程中能够通过自己的认知纠正一些语言错误，如果教师过分纠正就会在一定程度上影响学生语言学习的积极性。

研究表明，在错误产生的背后，过渡语在持续地发生、活动、变化和发展着，由此构成了中介语连续体。这种过渡语连续体贯穿第二语言习得的始终。在第二语言学习过程中，教学者和学习者应该以积极的态度面对错误，将其看作学习过程中的一部分。教学者要给予适当的指导和纠正，鼓励学习者积极尝试，并提供支持和正面反馈。学习者则要接纳和理解错误，从中学习并努力改进，通过积极练习提高自己的语言能力。

第二节　大学英语课程管理

一、大学英语课程管理的必要性

（一）目前大学英语课程存在的问题

1. 课程计划中课时总体分配不合理

目前，我国多数高校的英语基础课程安排在前两年，学时平均分配为每周4课时。这种平均分配模式强调了英语学习的分散性和渐进性，忽略了集中强化的必要性，结果第一学年专业课程开设较少，学生英语学习较为轻松，第二学年大量专业课程相继开设，英语教学的内容和难度逐渐增加，学生感觉力不从心，一定程度上影响了专业课和英语课的教学效果。

2. 教学理念和教学手段缺乏创新

传统班级里学生人数较多，教师较难关注到每一个学生；语音实验室、多媒体教室等各类教学辅助设施使用率较低，学生享受不到现代教学手段带来的学习乐趣，一定程度上影响了课程的教学质量和学习效果。

3. 教学内容陈旧，与实际需求脱节

当前大学基础英语学制一般为两年，教学内容重语法学习，轻口语、听力训练，较为忽视专业化、职业化要求，导致现行英语教学不能调动大多数学生的学习积极性。

（二）当前形势对大学英语课程管理的要求

1. 经济社会发展对不同层次应用型人才的大量需求

在世界经济日新月异的发展中，我国与国际社会的交流日益加强，各式各样的工作岗位对英语人才的需求大大增加，各类高校要立足于社会需求，科学设置英语课程，重点培养各个层次的应用型、复合型英语人才。

2. 学生的兴趣需求、能力提高需求和就业需求

学生更愿意花时间学习求职所需要的知识，更倾向于在英语口语和专业英语方面下功夫，而对英语语言教学等偏重于研究性的课程关注度较低。

3. 学科发展的需要

在制定学科发展规划时，只有充分考虑到各学科发展的实际需要和学科间的交叉融合，才能建构起充分彰显本校特色的学科体系。

二、大学英语课程管理思路

按照《大学生英语课程教学要求》中“大学英语的教学目标是培养学生的英语综合应用能力，特别是听说能力，使其在今后学习、工作和社会交往中能用英语有效地进行交流，同时增强其自主学习能力，提高其综合素质，以适应我国社会发展和国际交流的需要”的要求。首先，要确保对学生进行以提高听说能力为基础的综合实用能力的培养。其次，要以专业发展和国际交流为目标，进一步加强学生学术英语能力的培养。最后，要因材施教，对不同的学生进行分级授课、分班教学、分层培养。

对于大学英语课程管理思路的改进，有如下建议。

首先，压缩通用英语的学习时间，调整学制，力争用一年时间完成原来两年的教学任务。通过课时调整，使原来较为分散的通用英语教学变为适度的集中教学，这样既节约了学生的时间，又提高了学习效率。

其次，开设专门用途英语课程，经过一年通用英语的学习，在积累一定的基础后，将学制调整中留出的一年用来开设专业英语课程，如在动科学院开设科技英语、动植物检疫专业英语，在农林学院开设园艺英语，在经管学院开设金融英语、物流英语，在文学院开设文秘英语等，这有助于提高学生的学习兴趣，提升学生的英语水平，使学生的专业英语知识和技能得到提高。

再次，引导和鼓励学生结合未来求职取向，选修其他学院的专业英语课程，如鼓励农学专业的学生选修园艺专业英语课程等，使学生的知识面得到进一步拓宽，知识结构得到进一步优化，英语应用能力得到进一步提高。

最后，针对学生的就业需求和学生知识水平的差异，可推出不同的英语教学模块。对于基础较好的普通高中生源，主要进行目标较高的六级英语考试教学，还可以让他们选修能提高教学素养的英美文学、欧美教学等课程；对于基础较差的高职生源，主要进行通用英语基础教学，辅之以内容稍简单的英语视听说、英美小说阅读等选修课程，使他们尽可能通过四级英语考试。

三、学分制下的大学英语课程管理

（一）学分制教学的特点及对课程管理提出的要求

随着高校教育体制改革的进一步深入，学分制逐步代替了传统的排课制，成为一种主导的教学管理模式。它是一种以选课为核心，以教师指导为辅助，通过绩点和学分来衡量学生学习质量的综合教学管理模式。在学分制条件下，学生学习有更大的自主权，他们不再需要严格按照教学大纲和教学计划安排，在指定的时间和课堂学习规定的课程，并通过考试，在四年学习之后获得相应的学历和学位。根据学分制的要求，学校可制定更有弹性的培养计划，依据大纲开设大量专业类和通识类课程供学生选修，而学生可以根据自己的能力与兴趣选择专业课程，安排个人的学习计划。在选择了需要学习的课程后，学生可通过课堂学习及自我研修，完成学习内容，只要通过课程规定的检测（考试或结业报告等），即可获得相应的学分。在大学学习期间，学生只需修满教学计划规定的毕业总学分，思想品德评定符合要求，即可毕业。学分制的实行以选课代替排课，能够激发学生的学习积极性、主动性和独立性，有利于因材施教，有效地挖掘学生的潜能。学生是教学的主体，他们的需求是教育改革的出发点。在现阶段下，由于高校的扩招和全民对教育的重视，越来越多的青年走进大学校门。要充分发挥学分制的优势，实现因材施教，就需要对学分的载体——课程设置做出相应调整，使其体现出个性化和多样化，才能满足不同学生的学习需求，使所有学生都能找到实现其学习目标的课程，调动其学习的兴趣和积极性，进而推进个性化教学的发展，真正做到因材施教。①

（二）现阶段大学英语课程管理的特点及存在的问题

现阶段大学英语课程管理分为两大块：基于学生自主学习的听说训练和基于课堂教学的读写实践，但这两大块的内在联系一直没有得到应有的重视。在大学英语四、六级考试的引领下，部分教师只着力提高学生的听、说、读、写的语言技能，忽略了对学生实际应用能力的培养；部分教师强调语言的输入，通过模仿、类比实现交际目标，而较少鼓励学生基于交际主题和环境进行创造性发挥；部分教师强调语言基础的牢固，而对于学生的学习兴趣、语言素养的培养以及语言学

① 陈晰．完全学分制下大学英语课程体系构建的思路与优化[J]．教书育人（高教论坛），2018（24）：94–97.

习和专业学习的联系等方面关注甚少。课程管理中的这些问题不利于学分制的推行和大学英语教学目标的实现。

（三）大学英语课程管理改革探讨

课程管理是教学培养模式、教育理念的具体体现，也是培养目标和原则的具体体现。目前我国大部分高校实施的都不是完全学分制，也就是说，学生选课不是任意的，要依据专业培养计划，学院规定的专业及公共必修课，加上一定的选修课及公共选修课，以获得毕业所需要的总学分。拿大学英语来说，大部分高校将它定为公共必修课，要求学生学习 4 个学期，获得 16 个学分。在学分及选课制下，学校应提供从基础训练到专业实践等各种层级的英语课程，学生可根据自己的需要，在他们认为适合的时间进行学习，从而使他们能从选修课程中获得最大的收获。

学分制的实施，大学英语课程管理的多元化可以满足学生个性化的学习需求，是建构主义在英语教学实践中的重要体现。学分制对大学英语的课程管理提出了更高的要求，它需要建构一个层次更细化、备选课程更丰富，覆盖从基础语言训练到高级拓展应用的更完整的课程管理体系。通过对长期教学实践的总结，以及对教师和学生教学情况的调研及分析，笔者从如下几方面提出了完善大学英语课程管理的措施。

1. 分级教学

即使是基础语言课程，其所面对的学生层次及学习能力也存在较大差异，分级教学有助于满足学生不同层次的需求。学分制下学生选课有较大的自由，但也存在一定的盲目性。一些学生不清楚自己的实际水平，选择过难的课程，导致无法完成学习内容；也有学生为了方便拿到学分，选择较易的课程，这也达不到学习的效果。学校可以通过新生分级考试，帮助学生了解自己的水平及提高的空间，再辅以教师的指导，学生便能较正确地选择适合自己的英语课程。

2. 模块教学

学生对大学英语不同层次的需求，还体现为不同的学习目的。随着中学英语教学要求的提高，许多大学新生就已经具备了较强的语言基础，这也对大学英语教学提出了更高的要求。本着培养有较高教学素养和较强实践能力的复合型人才的宗旨，大学英语教学应考虑学生专业特点、学生个性的发挥与能力的可持续发展，以建构以人为本的课程体系，给予学生更多的学习自主权。将提高型的语言课程分模块设置，学生可以根据自己的学习能力和专业需要，按模块或跨模块选修实用的英语课程。目前大学英语主要提供有三大模块类课程：语言应用类包括高级英语、商务英语写作等；语言教学类包括英美概况、跨教学交际和英美文学选读等，而专业英语类更是涵盖了科技英语、商务英语、法律英语等各方面。

3. 网络教学及自主学习

网络教学有着传统教学无法比拟的优越性，它不仅能提供较多的学习资源，更突出体现了个性化与自主性学习的特点。计算机及网络可提供视听读等多媒体语言输入，同时又给学生提供单独、反复进行语言训练的场所，尤其适合听说训练，使学生可根据自己的特点、水平、时间选择合适的学习内容，较快提高英语综合应用能力，达到最佳学习效果。大学英语自主学习网络平台经过几年的试用和完善后，听说课程已可以登录网络中心自主完成。网络中心学习资源丰富、信息量大，学生面对更多的选择时，不仅能有的放矢地训练语言运用能力，更能培养自主学习的能力。网络中心可记录学生学习的过程，及时反馈训练成绩，学生可进行自我监控、自我评估，辅导教师也会随时发现学习中出现的问题并给予帮助。学生还可以通过网络平台，就学习内容和问题进行讨论，实现合作学习。

（四）大学英语课程管理的需求

1. 大学英语教学面临的挑战

随着社会的不断进步和发展，大学英语教学将面临更多的挑战。一方面，高校扩招导致学生人数猛增，大学英语普遍采用大班授课，使得很多非英语专业学生不能够充分重视大学英语的学习，很少有机会使用英语，英语学习成绩和学习效果显著下降；另一方面，就业岗位的需求对大学生的能力提出了更高的要求，就业不仅要具备专业知识，而且要具备一定的英语水平，只有增强自身的竞争力，才能更有利于就业，更好地参与国际的交流与合作。

2. 需求分析

需求分析是大学英语课程管理必不可少的环节，要想设置合理的大学英语课程，以下两方面的需求是不容忽视的。

（1）社会需求

社会需求指的是社会对人才的外语能力的要求。国际交流的日益频繁对人才的要求也逐渐提高，人才不仅需要拥有扎实的专业知识，更需要能够灵活掌握与人沟通的语言，特别是英语。而不同专业人才对英语能力的需求呈现出专业化的特点。研究型的专业需要从业人员能够读懂外国资料，随时了解国外在本专业领域的发展动态，因此从事该专业的人员需要更加注重阅读和写作方面的英语能力；而社交型的专业则需要从业人员能够流利地、无障碍地与他人交流，因此注重的是人员的英语听说能力。根据社会的不同需求，高校需要培养出不同水平、适合不同需求的人才。因此，只有把社会需求了解清楚，才能在科学、合理的基础上设置课程，培养出的学生才能够更好地为社会的各个行业服务。

（2）学生需求

学生是学习的主体，因此现代教育理念提倡以人为本、以学生为中心，强调关注学生需求。学生需求主要分为专业需求、目标需求、心理情感需求。首先，不同专业的学生对于英语知识的学习和英语能力的要求是不同的。例如，法律专业的学生除了需要在普通英语教学课堂上学习英语，他们还需要了解与本专业相关的英语知识。其次，不同的学生对未来有不同的规划，有的学生毕业之后想要考研继续深造，有的学生想要毕业之后就走上工作岗位，规划目标的不同决定了对英语学习的需求也是不同的。针对考研的学生，教师要能够提供更深、更广的英语知识，为学生在考试中取得好的成绩而打下坚实的基础，而针对就业的学生来说，他们需要教师能够多提供在今后工作岗位上能够使用的英语技能，坚持以就业为导向，将学习和工作结合起来，让英语教学帮助他们更好地就业。最后，学生作为个体是有很大差异的。不同的学生有不同的兴趣、不同的英语基础，教师应该充分考虑学生的情感因素，学校应该设置不同方面的英语课程来满足他们的各种需求。

3. 基于需求分析的英语课程管理

大学英语课程管理应该以需求分析为指导，从社会和学生的需求出发，以行业为导向，以学生为中心，使大学英语课程管理具有针对性，能够满足社会发展需要和学生学习英语的需求。英语教师应该根据不同行业的特殊性和不同学生的特点，在教学过程中注重因材施教，培养学生的自主学习能力，为他们将来的就业提供更多实用的知识和能力。

（五）大学英语高级选修课程管理研究

1. 大学英语高级选修课程的基本模式

开设大学英语高级选修课程是为学生提供多样化的教学材料和教学形式，重点在于鼓励学生自主学习。其教学内容趣味性强、具有形式多样的课程特点，能够多方位刺激人的感官，调节学生的学习动机。动机是激发和维持个体活动，并使活动朝着一定目标努力的心理倾向或内部动力。大学英语选修课程的设置要以提高学生英语实际应用能力为主要目标，在提高学生本专业和相关专业领域的口语和文字交流能力上下功夫。总的来说，大学英语选修课设置可分为以下三大类。

（1）语言知识与技能类

这类课程包括大学英语口语、大学英语写作、大学英语翻译、广告英语、大学英语视听说、法律英语、计算机英语、旅游英语、实用就业英语、大学英语口译等。

（2）语言应用类

这类课程包括商务英语、科技报刊英语阅读、英语演讲与辩论等。大学英语课应使学生把所掌握的英语语言知识和语言技能应用于学习之中。

（3）语言与教学类

这类课程包括英美社会与教学、英美文学欣赏、英美影视欣赏等。这类选修课帮助学生从批判的视角去理解语言的思想内涵，从运用中学习语言，丰富学生的教学知识。

2. 大学英语高级选修课程的教学方法

采用灵活多样的教学方法是达到教学目的和教学要求的重要手段，大学英语选修课的教学目的是培养学生的英语实际应用能力，所以教学重点是讲解英语语言知识和技能，使学生了解英语语言教学，并能自觉地运用英语工具获取前沿的专业知识。

适当的课堂活动不仅有利于学生英语应用能力的提高，而且有利于学生掌握英语知识。大学英语选修课教师应该改进教学方法，提高教学效率。一方面，在教学过程中应打破传统的英语课堂中以翻译课文为主的教学方法，多创造条件让学生进行口语交流。口语交流可以围绕课文内容进行，也可以沟通他们熟悉的专业知识，还可以将与专业有关的新闻题材作为对话的主题；另一方面，由于选修课普遍存在课时少、内容多、授课班级较大等现象，因此为了保证教学质量及效果，在课堂教学中，要充分利用现代化的教学技术，采用多媒体教学和网络课堂教学，用丰富多彩的教学方式激发学生学习专业英语的兴趣。多媒体课件图、文、声并茂，授课教师将所要讲授的内容制作成多媒体教学课件，使抽象的英语学习内容转变为生动、真实、可视、可听、形象、有趣的教育信息，并以形象、生动、直观的方式演示出来，为学生创造了真实、生动和形象的英语语言环境，有利于学生的理解和记忆。

3. 大学英语高级选修课程的管理

（1）加强对学生选课及学习目的的引导

为了防止学生只为修学分而进行选课，教学管理部门必须做好学生选课的引导工作。每学期期末都要做好下学期学生选课的准备，让学生了解课程的内容，结合自己的专业需要与个人兴趣进行合理的选择。学生一旦选择了适当的选修课，确定了学习目标，就要自始至终地进行学习，决不允许出现“选而不修、混学分”的现象。

（2）加强教师开课管理

教学主管部门，如学校教务处和学院教学办必须严格执行开课审批制度。开课教师必须向教学主管部门提交内容详尽的开课申请表，并制定该课程的教学大纲和考试大纲。凡是没有主讲教师资格的教师不允许开课，教学主管部门应严格审阅教师开课材料，如教学计划、教材、参考书等。教学主管部门要充分利用校园网络优势，使学生可以在校园网上获得每门公选课的相关信息，如课程的安排、课程简介、开课要求、课时、学分、主讲教师简介、上课时间地点、限选人数、已选人数等各种动态信息。

（3）加强对学生的管理，严格制定课程考试制度

有些选课学生是以挣学分为主要目的去选课，很少按时参加课程学习；有的学生只是喜欢上课教师，也不管所选课程是否适合自己。鉴于这些情形，为了提高学生对选修课的参与性和积极性，除了加强学生纪律教育外，还必须严格制定考试制度，紧密结合课程教学内容，建立“形成性评价＋终结性评价”的考评体系。

①形成性评价

形成性评价采用评分的记录方式，包括学生课堂口语练习成绩占10%（主题讨论、对话练习、演讲等），课堂测验占10%，作业占5%，出勤占5%。在评价过程中，教师要注意评价的正面鼓励和激励作用，充分肯定学生的进步，鼓励学生进行自我反思、自我提高。

②终结性评价

考试是终结性评价的重要组成部分，是检查教学大纲执行情况、评估教学质量的一种有效手段，是获取教学反馈信息的主要来源和改进教学工作的重要依据。考试重点考核学生的语言基础和语言综合应用能力。教师应根据教学大纲的要求，设计、制作相应的试卷，并建立英语选修课试题库。试题包括听力、阅读、完形填空、改错、翻译、简答、写作等。其中课本内容考试占70%，综合能力考试占30%；客观题占40%，主观题占60%。每次考试会从A、B试卷中随机抽取一套试题。考试采用闭卷方式，实行教考分离。考试要努力做到科学、公平和规范。

四、改善大学英语选修课程体系

（一）开展英语选修课的必要性

1. 大学英语教学改革的必然发展趋势

《大学生英语课程教学要求》规定，大学英语要“尽量保证在本科总学分中占 10%（16 学分左右）”。但近几年，高校给大学英语必修课所分配的学分数明显减少，这一趋势在高水平院校尤其明显。在有些大学，学生只要通过大学英语四级考试，就可免修部分学分。在此背景下，为了确保学生英语水平不下降、学习不间断，开设一系列的选修课势在必行。

2. 满足不同学生多元化课程的需求

大学生英语水平参差不齐，目标各异。有些以通过考试为目标，如大学英语四、六级考试等；有些为了出国旅游或深造，想了解外国风土人情、社交礼仪等；有些希望能查阅外文文献，开展学术研究；还有些想去外国工作。按照《大学生英语课程教学要求》指示，“课程管理要有利于学生个性化的学习，以满足他们各自不同专业的发展需要”。多模块的选修课就是最佳选择。

3. 大学英语教师可持续发展的契机

单一的大学英语教学并不能完全发挥教师的优势。开设选修课则可以发挥教师的特长，更新知识结构和教学理念，拓宽专业知识和教学视野。选课的多少、课程结构是否合理、学生对课程的认同度等恰恰提供了教师对教学进行反思的机会。教学相长能促进教师自身的可持续发展。

（二）提高课堂教学有效性的对策

1. 规范教学管理

学校可以给予相关政策的支持，鼓励优秀的、有余力的教师根据学生需求增设有趣的、实用的选修课程，如实用英语口语、口译、商务英语、法律英语、文秘英语、学术英语、考研英语等，尽可能丰富课程内容，激发学生选课的兴趣。选课前，相关部门可以公布任课教师的资历、教学特色、课程介绍、课程大纲以及考核方式，以供不同的学生按照自己的水平、需求或者兴趣选择相应的课程。[①]

2. 提升教师素质

百年大计，教育为本。教育大计，教师为本。提升教师素质可在一定程度上

① 李淑杰．大学英语选修课程体系构建研究与实践 [J]. 英语教师，2015，15（22）：111—112.

改善高校英语选修课的现状。学校需通过多途径提高教师教学水平，如提供外出进修、学习的机会，以开阔教师视野，拓宽教学思路。鼓励教师对自己的教学进行反思，努力建构有效的教学模式，丰富课堂活动。学校管理部门可制定比较详细的、公平合理的奖惩制度，较大程度地激发教师教学的热情，提高自身素质，让教师素质、人格魅力这些隐性课程对学生的学习起到推动作用。

3. 健全考核方式

严格制定考试制度，采用形成性和终结性相结合的多元评价手段，尤其要加强过程性评价。通过丰富多样的课堂活动，如演讲辩论、小组展示、经验分享、模仿、小型比赛等挖掘学生潜能。健全的考核方式可以提高学生参与课堂活动的兴趣，保证课堂教学效果。

4. 端正学习态度

教师要引导和鼓励学生制定切实可行的学习目标，明确学习目的；分析自身兴趣，结合就业需求和自身发展需求理性地选修课程；通过案例分析等方式帮助学生意识到选修课的重要性，积极参与课堂活动，有效利用课堂时间，最大限度地提高学习效率。

开设大学英语选修课是与时俱进、顺应社会发展要求的产物，是大学英语教学改革不断深入的结果。规范的教学管理可以端正学生学习态度；合理的课程管理可以最大限度地提高学生学习的积极性；有效的课堂教学可以提高学生的语言综合运用能力，增强社会竞争力；不断优化的多模块、多层次课程体系可以促进大学英语教师的可持续发展，实现真正意义上大学英语教学的百花齐放。

第三节　任务型大学英语理论研究

一、任务型大学英语的内涵

任务型大学英语是指在教学活动中，教师根据特定的交际方法和语言项目，设计出具体的、可操作性的任务，学生通过表达、沟通、解释、询问等众多语言活动形式来完成教师布置的任务，以达到学习和掌握语言的目的。任务型大学英语是在吸收以往多种教学方法优缺点的基础上形成的，它和其他的教学法相辅相成，共同促进，彼此之间并不排斥。任务型大学英语是在 20 世纪 80 年代语言交际法被广泛采纳的历史背景下产生的。

任务型大学英语是外语教学界提出的过程教学大纲的产物，其基本观点是通过课堂教学让学生和教师共同完成某些任务，使二语学习者自然地习得语言，扩展中介语体系，促进外语学习进步。任务型大学英语旨在把语言教学真实化，把课堂活动社会化。教学任务的学习，而非单独依靠一套教材、书本练习或者老师讲解，可以使学生体验到教师是如何运用语言做事或处理矛盾的。在课堂上，教师可以给学生设置任务，让他们用所学语言去解决问题、克服困难，从中学会处理人际交往之间的信息偏差、推理偏差与观念偏差等问题。

任务型大学英语所强调的是学生的习得过程以及知识建构过程，要求学生由外部刺激的被动接受者和知识的灌输对象转变为信息加工的主体、知识的主动建构者。教师在设计任务时应将自己由知识的传授者和灌输者转变为学生主动建构意义的帮助者、促进者，鼓励学生以交流参与的方式进行学习。在教学活动中，教师应当围绕特定的、符合真实生活的交际和语言项目，设计出具体的、可操作的、实用的、趣味性较强的、连贯性的任务，引导学生通过各种语言活动来完成教学任务，以达到学习和掌握语言的目的。

二、任务型大学英语的构成要素

（一）目标

如同日常生活和工作中的任务一样，教学任务必须首先具有明确的目的，即教学活动应该具有较为明确的目标指向。这种目标指向具有双重性：一是任务本身要达到的非教学目的；二是利用任务要达到的预期的教学目的。例如，在案件侦破任务中，其非教学目的是根据不断增加的线索进行判断推理，直至最后找出罪犯，但是任务教学期望达到的教学目标则是对完成任务过程中产生的语言交流感受进行体会，进而增强学生的语言意识，提高学生的交际能力，并在语言交际过程中学会应用表示假设、因果关系，或肯定、可能、也许等目的语表达形式。由此可见，任务型大学英语作为促进学生学习的重要方法，教师应该更多关注它的教学目的。

（二）内容

任务型大学英语的这一要素可简单地表示为“做什么”。任何一个任务都需赋予它实质性的内容，任务型大学英语的内容在课堂上的具体表现即是学生需要履行的具体行为和活动。

（三）程序

任务型大学英语的程序是指学习者在履行某一任务过程中所执行的操作方法和步骤，程序在一定程度上表现为“怎样做”。它具体包括任务序列中某一任务所处的位置、先后次序、时间分配等内容。

（四）输入材料

输入材料是指学生在履行任务的过程中使用和依据的辅助资料。例如，上文提到的案件侦破任务就需要在若干张纸条上打印一系列线索材料，履行任务的过程需要从第一条线索的推理和讨论开始，在不能得到肯定的结论时，要依次增加线索，直至真相大白。输入材料可以采用语言形式，如新闻报道、旅游指南、产品使用说明、天气预报等，也可以采用非语言形式，如照片、图表、漫画、交通地图、列车时刻表等。尽管部分课堂任务并不一定都要使用或依据此种类型的输入材料，但在任务型大学英语的设计过程中，提倡运用此种类型的材料可以使教学任务的履行更具操作性，同时，能够更好地使教学任务与教学相结合。

（五）教师和学习者的角色

任务型大学英语并非都要明确教师和学生在教学任务中要履行的角色，但教学任务大多会暗含或反映教师和学生的角色特点。教师既可以是教学任务的参与者，也可以是教学任务的监督者和指导者。在教学任务的设计过程中，设计者需要考虑为教师和学生做出明确的角色定位，以使教学任务能够顺利、高效地进行。

（六）情境

任务型大学英语的情境要素是指教学任务所产生和执行的环境或背景条件，具体包括英语语言的交际语境，同时也涉及课堂任务的组织形式。教师在教学任务的设计过程中，应尽量使任务情境接近于真实生活，以提高学生对语言和语境之间的关系意识。

三、任务型大学英语的特征

（一）任务型大学英语的真实性

任务型大学英语可以塑造真实的语言环境，因为真实的场景能让学生在轻松的环境中真正体会语言、理解语言并运用语言，达到脱口而出的效果。情境教学是将真实性的语言材料引入学习环境的教学方式，有研究者指出，把现实生活中的问题当作学习焦点，可使学习者真正学会如何学习。

（二）任务型大学英语的灵活性

任务型大学英语理论认为，知识不是教师传授得到的，学习目标和任务的完成都需要学生主动、有目的地获取学习材料来实现。任务型大学英语强调以学习者为中心，注重学习者自身的认知，突出学习者的主体作用。任务型大学英语要求充分发挥学生在学习过程中的主动性、积极性和创造性，教师在教学中只起到组织、引导、促进、咨询的作用，这充分契合了当下大学英语的教学理念，可以成为大学英语的教学手段与方法。任务型大学英语突破了单纯的知识传授方式，强调灵活地进行课程任务设置，教学任务可以根据新授课、活动课等不同的类型适时进行调整。任务型大学英语以与教学内容紧密结合的学习任务为载体，使学生在完成任务的各环节中，完成知识的巩固与能力的提升，体会到合作学习的乐趣，同时对所学知识的掌握程度进行自我评价，并在后续学习中进行适当的调节。任务型大学英语是以教学任务为明线，以培养学生的知识与技能为暗线的教学模式。在任务型大学英语的整个过程中，教师处于引导者、协助者的位置，学生始终是学习的主体，它的基本特点是以任务为主线，以教师为主导，以学生为主体。

四、任务型大学英语的理论基础以及基本原则

（一）任务型大学英语的理论基础

任务型大学英语的理论基础是输入与互动假设。该假设是基于克拉申的习得—学得假说、维果茨基（Vygotsky）的思维与语言发展理论以及迈克尔·龙（Michael Long）的变化性互动理论之上的。

1. 习得—学得假说

在习得—学得假说中，克拉申区分了习得与学习的两个概念。他认为，成年人发展外语能力依靠两种途径：一是像儿童学母语一样，在理解语言和表达意义使用语言中，潜意识地自然吸收和发展语言能力的过程，称为“语言习得”；二是有意识地学习语言规则的过程，称为“语言学习”。克拉申认为，习得是英语学习者掌握英语的渠道，习得在自然的语言环境下才能产生，学习是有意识地对语法规则进行的学习和训练，不可能产生习得。学习的作用有两个：一是把控学习者的语言使用，避免或改正错误；二是满足学习者对语法知识的好奇心。

2. 思维与语言发展理论

维果茨基《思维与语言》一书从独特的角度展示和阐述了儿童思维与语言的发展过程和语言获得的过程。维果茨基思维与语言发展理论中的首要观点是人一开始是社会人，社会人起初与别人很一致、很相像，到以后渐渐在社会交际中成为独立的个体。这与皮亚杰（Piaget）理论中认为社会和交际行为是人们相聚并且用语言进行交流才构成的观点不同。[①] 维果茨基思维与语言发展理论中的交际不在于传达信息，更在于其如何在维持个体和个体的发展中起到作用。社会是造就个体的基础，个体是在交际中形成与发展的，语言和思维的发展亦是如此。

原始语言阶段要求孩子能清楚地区分一个完整的“自我”与“别人”（包括事物和人）的世界。语言的关键是协作性地创造人类经验，这就要求人们共同控制两种不同的行为方式，即共同的交流行为和个体行为。

3. 变化性互动理论

变化性互动理论认为，语言习得不可缺少的机制是变化性的互动。它与语言习得的关系可从以下三方面予以表示，即变化性互动可使输入变的可理解；可理解的输入有利于语言习得；变化性互动有利于语言习得。

（二）任务型大学英语的基本原则

1. 教学任务要真实，贴近现实生活

学生走进课堂去学习知识是其最重要的任务。大学教育的宗旨应该既为学生服务，又为社会培养高素质的人才。因此，大学英语教师应该尽力使教学贴近生活、贴近实际，积极把日常生活和工作中需要解决的事情纳入教学任务之中，让学生真切地感受到其所学到的英语语言知识能够学以致用，这种感受会极大地激发学生学习英语的积极性，同时也能够提升他们的自信心，进而提高学生学习英语的自觉性和主动性。

2. 任务梯度原则和合作原则

任务型大学英语认为，任务的设计应该遵循任务梯度原则以及合作原则。教学任务的安排应遵循由简到繁、由易到难、由低到高的原则。英语教师在设定某一项教学任务时，要根据学生的知识结构水平进行设计。同时，教学任务的难度要适中，让每位学生均能完成。此外，在设计教学任务时，教师需要组织学生进行合作交流，共同协作完成学习任务。例如，教师可以引导学生根据某一单元的主题选择一个学习项目，学生可以采取开展访问、制作调查问卷、阅读报刊、检

① 董元元 . 大学英语任务教学法 [M]. 北京：光明日报出版社，2017.

索图片、汇总中英文信息等多种方法去开展与课程相关的学习，并在学习过程中学会如何对材料进行分析、整理与综合。最后，教师安排学生以小组为单位提交书面报告进行审阅，或者利用海报、幻灯片、宣传册等传播媒介向班上的同学展示自己的学习成果，该种梯度任务法不仅增加了学生的信心，还可以激发学生自觉学习英语的兴趣。同时，通过合作式学习，学生能够很好地提高自己的交际能力和合作能力，培养自己的沟通与交流技巧。

3. 层次性原则

层次性原则主要体现在以下两个方面。

第一，数量上的层次性。任务量要适中，任务不足会造成学生盲目乐观，任务过多又使学生产生挫败感。

第二，难度上的层次性。将任务分为基础和提高两个部分，确保大部分学生能完成教学任务并有所收获。学有余力的学生可以继续完成提高任务，以提升自身的能力。

4. 语言、情境的真实性原则

知识来源于生活，真实性原则就是要求在大学英语教学中，教学任务的设计要贴近日常生活，创造真实的情境。语言和情境的真实性是任务型大学英语的关键所在，只有语言、情境贴近真实，学生才能学到在实际生活中的用语。同时，也只有这样才能使得英语语言具有真实性。英语教师在设计教学任务时，要尽可能地为学生掌握语言提供真实的环境。可布置与学生的学习和生活相关的真实环境，以此激发学生学习英语的热情和兴趣。

5. 任务活动的设计应紧密围绕教材与课程大纲

现有的教材与课程大纲是由教育界的专家、学者经过多年精心研究编写而成，其教学内容和编写原则都是经过科学论证和实践检验的。因此，英语教师在运用任务型大学英语时，教学内容应以教材为切入点，结合大学生的实际，灵活采取不同的任务形式。此外，英语教师还需充分调动学生的主观能动性和创造性，进行听、说、读、写等全方位的综合训练。英语教师关注的重点应是如何运用任务型大学英语完成教材的学习内容，使学生的英语水平达到教学大纲的要求，以保证学生英语语言学习的准确性，同时强化学生的英语能力，提升学生的综合素质。

五、任务型大学英语对大学英语教学的意义

（一）提升学生的英语能力

大学英语的教学目标是培养学生在工作环境中运用英语的交际能力，满足学生日常生活中的英语交际需要，而任务型大学英语符合大学英语工具性和实用性的特点。

任务型教学把语言教学真实化，把英语课堂社会化，其主要目的是让学生不仅在运用中学，而且为了运用而学。通过课堂教学，教师让学生去用英语完成各种情境中真实的生活、学习、工作等任务，从而培养学生英语方面的综合应用能力。任务型大学英语充分体现了学生的主体性，是改变以往大学英语教学模式的有效途径之一。

（二）创造真实或模拟的语言环境

任务教学将具有真实生活的语言材料引入课堂，任务教学要求与真实生活有一定的关联，以便学习者能迅速产生兴趣，应用到生活中。此时教师在完成任务过程中充当的是示范者、组织者、指导者的角色。例如，在一个以购物为背景的任务中，英语教师通过任务演示，向学生提出完成该任务的要求，明确达到的认知目标，并布置任务。学生在规定的情境中准备并完成任务，并展示成果。在这个任务情境中，学生可能会考虑到挑选物品、商议价格、购物方式等情况。学生在这样真实或者模拟真实的情境中进行交际活动，让学生融入角色中，既有趣新颖，又培养了学生的语言能力。

（三）帮助学生养成协作学习的习惯

任务型大学英语是以小组或团队为单位参与学习任务的整个过程。学生在一定的激励机制下，为获得最好的学习成果，为达到共同学习目标要协作互助。任务学习法强调的是学习者的创造性、自主性和互动型，在任务教学中，将每个任务分解成若干子任务，由小组成员分担各项子任务，但由于各项子任务之间有一定的联系，因此，组员之间不是独立的，而是需要共享资源、共同负责、共同完成任务。同时，任务学习法不仅体现在课堂上，而且还可以延伸到课外，在课后任务或者第二课堂中，小组成员可以通过网络或者面对面的方式进行沟通，交流自己对教学任务的看法和意见。

在上述这种相互依赖、相互帮助的环境中，学生可实现取长补短、共同提高

以及共同进步。分组后的学生学习不再仅仅和自己有关，他们的表现直接影响小组的荣誉。因此，自己落后会拖累全组，相反，自己进步会带动全组共同努力。在此种共同观念影响下，全组成员会一起为实现目标而共同努力。

（四）提高学生在英语课堂上的参与度

任务型大学英语以学生为主体，充分发挥学生的主观能动性是其终极目标。为此，大学英语教师需要要求学生在教学任务中，人人演角色、人人有任务、人人要展示。此外，英语教师要尽量保证每个学生的机会均等、任务相当。为了保证任务参与者与其他同学之间的交流互动，英语教师需要要求小组成员之间相互提问并回答问题，这样就在最大程度上调动了学生的积极性。分组后的学生彼此水平相当、目标相同，参与课堂任务的积极性将会提高。

（五）有效监控学生的课堂学习情况

在任务型大学英语的语言课堂内，教师的身份和角色也在发生着转变，即从课堂的主导者变成引导学生自主思考、自由发挥的引领者。英语课堂的教学从教师单向的“满堂灌”变成以学生为主体的“大舞台”，但是教师设置任务和学生完成任务仅仅只是任务教学式课堂的一部分。任务型大学英语要做到善始善终，任务式教学的课堂还需要配套完整而科学的评价系统，以实时监控学生参与课堂活动的情况，以及完成教学任务的实际情况。

第三章　大学英语教学理论的构建

大学英语教学理论的构建是为了更好地提高大学英语教学质量，促进学生英语水平的提高。在当今经济全球化的背景下，英语已经成为一种必不可少的工具，而大学英语教学也成为我国教育的重要组成部分。因此，有必要对大学英语教学进行深入的研究，构建一套科学、有效的教学理论。

第一节　大学英语听说教学理论构建

一、系统的非线性理论

系统的非线性理论是系统科学研究的重点。系统科学认为，非线性是混沌、复杂系统的核心特征，它普遍存在于自然界，也是一种常见的社会现象。非线性会产生许多非平庸特性，如自激振荡、分岔、突变和混沌等。自组织理论则是专门研究系统动态结构的理论。

（一）非线性理论

20 世纪 80 年代以来，国际学术界兴起了对非线性科学和复杂性的研究热潮。非线性科学研究取得的成就揭示了客观世界的一切事物从根本上都是相互作用体和相互作用过程。非线性是数学概念，是相互作用的数学表达。一个系统不仅仅是其部分的总和，还意味着叠加原理的失效，在数学上说就是非线性。[①] 非线性理论认为，一切事物作为系统，无论是系统内部结构外显的系统功能还是演化过程，都是相互作用的显示，因而也都是非线性的。现实存在的稳定结构往往由于系统内部的非线性相互作用而出现结构不稳定，引起系统定性性质的改变。

---

① 许国志. 系统科学 [M] . 上海：上海科技教育出版社，2000.

（二）自组织理论

自组织理论是研究客观世界中自组织现象的产生、演化等的理论。自组织是指在系统实现空间的、时间的或功能的结构过程中，如果没有外界的直接影响和干扰，仅是依靠内部的相互作用来达到的，那么，此系统是自组织的。自组织结构出现的直接原因在系统内部，但也必然与外界条件相联系。外界条件和系统内部机制决定了自组织系统的性质。

自组织理论以普里高津（Prigogine）创建的耗散结构理论为代表。该理论主要讨论耗散结构形成的条件、形式、特点及演化规律等。动态有序结构称为耗散结构，也叫非平衡结构。这里主要介绍耗散结构形成的条件。

1. 系统必须开放

一个孤立系统在与外界没有任何物质、能量、信息交流时，系统的自发演化总是朝着对称性越来越高、有序程度越来越低的方向发展，最终达到对称性最高的平衡态。而在系统的演化过程中，系统状态对称性越高、有序程度越低，称为系统的退化；反之，系统状态对称性越低，有序程度越高，称为系统的进化。因此，要想使系统朝着有序的方向进化，系统开放是必要条件。

2. 远离平衡态

平衡态是孤立系统经过长时间约束下，稳定存在的一种均匀无序的状态。当环境使系统逐渐接近孤立系统时，平衡态出现，系统不可能形成有序结构，系统只有在远离平衡态时处于非线性区，才有可能演化成为有序结构。开放系统在外界作用下离开平衡态，开放的逐渐加大，外界对系统的影响变强，将系统逐渐从近平衡区推向远离平衡区的非线性区，有序结构才能形成。否则，即使系统开放，也不可能形成有序结构。

3. 非线性相互作用

组成系统的子系统之间存在着相互作用，一般来说，这些相互作用是非线性的，它们不满足叠加原理。因此，子系统在形成系统时，会涌现出新的性质，自组织也是系统演化、涌现新性质的一种。非线性相互作用是系统形成有序结构的内在原因，是系统内部发生质变的基础。

4. 涨落现象

在平衡态时，系统存在涨落。涨落既是对处在平衡态上系统的破坏，又是维持系统在稳定平衡态上的动力。在系统发生变化时，涨落起着重大的作用。如果没有涨落存在，那么不论在什么条件下，系统也不会自行脱离原来不稳定的定态解而实现新的有序的耗散结构，即发生质变。

上述四个条件是紧密联系的，正是它们之间的相互作用使系统发生本质的变化。

非线性特征是语言学习重要的认知基础之一。由于语言学习者本身是非线性的，自组织的，这就要求语言教学模式和教学材料的设计都要顺应学习者的非线性特征，要利于促进自组织的发展。

二、认知理论

（一）建构主义和社会互动理论

建构主义理论是认知心理学的一个分支。建构主义的教育思想主要以皮亚杰(Piaget)、布鲁纳（Bruner）和凯利（Kelly）等人的思想学说为代表。皮亚杰是认知发展心理学领域的主要人物，他通过研究人从婴儿到成人这一阶段认识事物的过程，发现人在不同的生命阶段对经验的理解有所不同。皮亚杰将心灵的发展看作已有知识和当前经验不断达到平衡的过程，这一平衡过程是通过同化与顺应实现的。同化是指新的信息在大脑中修正后纳入原有知识体系中，顺应则是指对原有知识的修正使其能容纳新的知识。

布鲁纳是皮亚杰思想的重要推崇者，他力图将认知发展的理论和课堂教学联系起来，强调让学生学会如何学习。他认为教育的目的在于培养学生的理解力和认知技能、策略，而不是获取现成信息，他倡导发现教学法。布鲁纳的建构主义思想表现在强调儿童与课程教材、教师与其他人的互动关系上。

建构主义先驱之一的凯利提出了个人构念理论。该理论认为，每个人都像科学家一样不断寻求对周围世界的理解，从事自己的个人试验，建构假设和积极验证假设，由此建立起他对所处环境和所交往的人的认识。每个人对世界的理解都建立在他过去的经验之上。

概而言之，建构主义核心的观点是人们对于客观世界的认识依赖于自身的认知结构，因而认识就是一种建构的活动。建构主义提倡以学生为中心，强调个人应对外部信息进行主动的选择、加工和处理，从而建构自己的理解，同时强调情境对意义建构的作用。

社会互动理论既包含了认知主义的观点，又吸取了人本主义的思想，其代表人物有维果茨基和费厄斯坦（Feuerstein）等。苏联心理学家维果茨基提出有效学习的关键是学习者和中介人（父母、老师、同伴）之间交往互动的质量。“中介作用”是维果茨基心理学的一个中心概念，“最近发展区”理论则是他的另一个重要贡献。“最近发展区”是指比儿童现有知识技能略高出一个层次、经他人协助后可以达到的水平，与学习者与能力强于他的同伴交往是使他进入下一发展区的最好办法。

建构主义强调以学生为中心，以及个人对外部信息进行主动选择、加工和处理，从而建构自己理解的观点。社会互动理论的中介作用原理，以及最近发展区理论为本书的网络英语听说教学平台设计和基于网络英语听说教学平台的大学英语分层听说教学模式建构提供了心理学基础。

（二）安德森（Anderson）的适应性思维控制模式

安德森从心理学的角度指出，语言能力实际上是一个完整的认知系统，因为语言和其他技能有公共性。他在其著作中提出了适应性思维控制模式，由产生式规则组成的产出系统是该模式的核心概念。

产生式规则包含如下含意：假如想说的是和宾语有关的主语，那么就必须首先描述主语，然后描述两者之间的关系，最后描述宾语。这一产生式规则产生了三个新的亚目标，这些亚目标通过其他产生式规则达成，还可产生更小的亚目标，最后产出实际的句子。这一规则反映的是把产出视为一种动态的语言观，而不是静态的语言知识描述。

安德森的理论区分了两种知识：陈述性知识和程序性知识，提出了三种形式的记忆：工作记忆、程序记忆和陈述记忆。工作记忆在程序记忆和陈述记忆的基础上用来执行产生式规则，程序记忆用来检验核对规则的使用，陈述记忆用来储存以命题或意象等认知单位为形式的事实信息。工作记忆中产生式规则的使用需要程序记忆和陈述记忆的相互作用。

学习新知识即学习新的产生式规则时，思维分三个阶段由陈述性知识向程序性知识发展。

第一，陈述阶段（有时称认知阶段）。新的信息作为陈述事实被感知，通过已知的行为推断和处理感知的信息。

第二，知识汇编阶段（有时称联合阶段）。大脑将感知的信息编辑成更加具体的程序。

第三，微调产生式规则阶段（有时称自动化阶段）。在这一阶段，大脑对已经形成的产生式规则进行微调，使它们能推进其他情况，如区分产生式规则可能使用的场合、动词的时态等。

欧梅里（Malley）和切莫特（Chamot）认为，二语学习是按照这三个阶段进行的：学习者在陈述阶段集中学习新的语言并努力理解其意义；在知识汇编阶段发展程序性知识；在微调产生式规则阶段逐渐提高自动化加工的水平。安德森的思维的适应性控制模型把语言学习看作一种动态的产生过程而不是静态的知识学习，以及语言学习的三个推进阶段的观点为本书的听说教学模式设计提供了丰富的理论源泉。

三、教育目标分类学理论

分类学主要是根据动物和植物的自然关系对它们进行分类，以便研究。生物分类学是按照门、纲、目、科、属、种这样的类别加以分类的。美国教育家布卢姆（Bloom）参考了生物分类学的原理，出版了《教育目标分类学》，奠定了教育目标分类学理论的基础，他本人提出了认知目标的分类。后经他的学生克拉斯沃尔（Krathwohl）和哈罗（Harrow）的发展，形成了完整的教育目标分类理论。该理论主要对要求学生达到的行为作为某种教学单元结果的个体的行动、思维或体验的方式进行分类。[①]

布卢姆和他的学生将教学目标分为认知领域、情感领域和动作技能领域三个方面。认知领域包括知识、理解、运用、分析、综合和评价。掌握知识是最低层次的认知领域，评价知识是最高层次的认知领域。每一层次又按由低到高进行划分。情感领域包括接受、反应、形成价值观念、组织价值体系、形成价值情绪。动作技能领域包括观察、模仿、练习和适应。

教育目标分类遵循了以下四条指导原则。第一，各类别之间的主要区分应大体上反映教师对学生行为的区分。在可能的情况下，要按分类学再加以细分，以便识别。第二，分类学编制应合乎逻辑，并保持内在的一致性。所以在整个分类学中，应该始终用一种前后一致的方式来界说和使用每一个术语。此外，每一类别应有符合逻辑的细分，这种细分在必要和有用的情况下，可再加以明确地界说和进一步地细分。第三，分类学应与目前了解的心理现象相一致。第四，分类学应该是一种纯粹描述性的体系，能以比较中立的态度来表述每一种教育目的。英语教学材料分类框架如图 3-1-1 所示。

① 布卢姆．教育目标分类学 [M]．上海：华东师范大学出版社，1986．

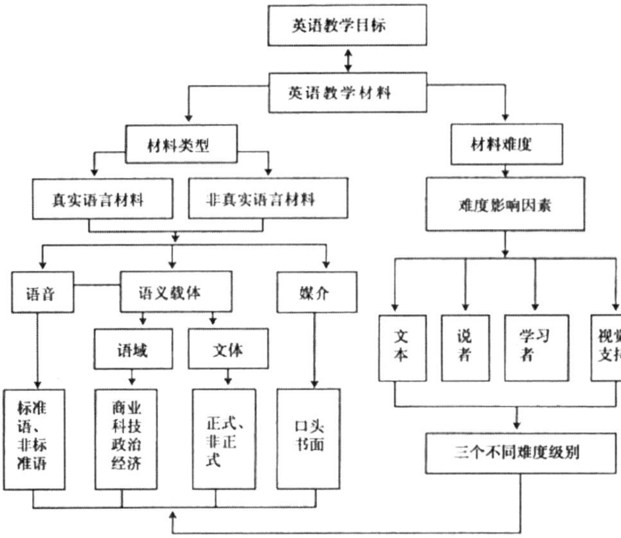

图 3-1-1 英语教学材料分类框架

布卢姆等人的分类对象主要为教育目标，不涉及对教学材料的分类。鉴于教学材料是达成教育目标的媒介，有必要对教学材料进行分类，以满足不同的教学目标需要。我们根据教育目标分类原则提出英语教学材料分类原则和分类框架。

英语教学材料分类原则：

第一，英语教学材料分类应大体反映教学目标，如有可能，再加以细分。

第二，每一类别应有符合逻辑的细分。

第三，用纯粹描述性的体系分类来表述英语教学材料的类型和难度。

本书将根据英语教学材料分类原则和分类框架，以大学英语听说教学材料为例进行分类，为大学英语网络听说平台的教学材料选择提供依据。

四、理论构建——英语学习者自组织原理

（一）英语学习者自组织的定义和内涵

英语学习者自组织是指英语学习者在一定的外界条件影响下依靠自身内部的相互作用而形成的系统有序结构，是英语学习者个体及其英语认知结构的统一体。英语学习者自组织是自组织的一种形式，具备自组织的一切特征，但又有其特殊性。其特殊之处主要在于这一自组织具有主观能动性和不确定性。英语学习者自组织包括英语学习者个体自组织和英语学习自组织两个部分。

1. 英语学习者个体自组织

英语学习者个体自组织主要指非线性的生物体，是由学习者生理和心理共同构成的系统。学习者作为英语学习的主体，本身就是一个有别于其他个体的自组织，即生物体意义上的自组织。但这类自组织和自然界的其他自组织有很大的区别，主要表现在它通过自身的智力、学能、动机、努力程度等因素影响而使这一类自组织具有主观能动性。另外，由于学习者个体自组织受到生理、心理、家庭、学习环境和社会环境等因素的共同影响，这一自组织的发展具有不确定性，形成了千差万别、非线性的个体系统。

2. 英语学习自组织

英语学习自组织是学习者个体经过英语学习而形成的英语知识与技能的学习系统或认知结构，存在于英语学习者个体自组织之内，我们把它称之为英语学习自组织。根据系统论的观点，一个大的系统包含两个或多个相互区别、相互依存、相互补充、相互制约的元素或组分。同样，英语学习自组织也包含许多这样的组分，如英语语音、语法、词汇、教学等知识组分以及听、说、读、写、译等技能组分。

英语知识组分是指一些事实性的知识组分，或称为陈述性知识，英语技能组分是指如何运用英语做事的技能性组分，或称程序性知识。学习一种英语技能始于获取英语语音、语法和词汇等陈述性知识，陈述性知识经过反复操练和整合，形成高效率的程序性知识。程序性知识在运用中不断得到微调和完善，最后达到自动化。英语陈述性知识到程序性知识的发展过程不是直接且线性的，因受到学习者个体差异、母语以及外界因素的影响，这一过程是复杂且非线性的。

（二）英语学习者个体自组织和英语学习自组织的关系

英语学习者个体自组织和英语学习自组织之间是包含和被包含、制约和被制约的关系。对于英语学习自组织来说，它的形成和发展依靠英语学习者个体自组织的生理和心理等内部因素，以及外部因素教学条件、教学材料和教学模式等共同作用。英语教学的目的归根结底在于通过这些外部因素对英语学习者个体自组织施加影响，以促进英语学习自组织的发展。同时，英语学习自组织存在于英语学习者个体自组织之中，即学习者的大脑之中，它的组织结构处于什么样的状态，是趋向有序还是无序，抑或处于平衡态，也取决于英语学习者个体自组织。由于英语学习者个体自组织和英语学习自组织都是千差万别的，各自组织之间是非线性的关系，导致了英语学习自组织的多样性和层次性。

（三）英语学习者自组织发展的教学条件

根据系统论的观点，内因决定了系统演化所得到的组织的形式、状态的性质特点等，外因则决定了系统组织进程能否实现。英语学习者自组织的发展离不开外界因素，主要是英语教学的影响。因此，在教学中，师生关系方面要做到教师引领和学生主体相结合；教学组织形式方面要做到个别自主训练和小组活动相结合；语言教学材料方面要做到以真实英语材料为学习对象，语言输入与输出相结合。

1. 教师引领和学生主体相结合

教师引领和学生主体相结合的基本含义为教师在教学过程中起引领和督导的作用，学生是学习的中心和主体。英语教学要利于英语学习自组织的发展，一方面教师必须提供英语学习自组织发展的时间和条件；另一方面，要重视教师的引领作用和督导作用。下面将根据建构主义关于个体对意义建构的作用和社会互动理论的中介作用原理，对教师在英语教学中应该发挥的引领作用和学生的中心地位进行详细阐述。教师的引领作用如下。

教师应当成为学生学习活动的引领者，通过激发学生的学习兴趣、引导其自主学习、创设合作学习环境以及关注学生的个体差异等方式，推动学生积极参与语言学习活动，培养他们的学习能力和综合素质。这种教师角色的转变强调学生的主体地位，倡导教师与学生共同探索、共同学习，使教学更加有效、有意义。在英语教学实践中，教师应以平等参与者的身份出现，教师与学生之间应建立一个平等、尊重和互动的关系，共同参与学习活动，共同探索和发展知识和技能。

教师必须为学生的学习活动创造一个良好的学习环境。英语学习活动必然受到社会条件和外部环境的影响。因此，教师必须根据教学对象、教学内容和教学环境的具体情况设计教学内容，如通过现代教育技术提供动态的学习环境，利用音频、视频等媒体呈现学习内容，提供个性化的学习条件等。另外，教师应培育一个良好的英语课堂学习生态系统。在这个生态系统中，每个学生都应得到尊重与理解，师生、学生之间进行平等的交流和合作，重视优秀学生的榜样和示范作用，通过他们带动全班学生积极投入英语学习之中，形成良好的班级英语学习氛围。

教师必须深入了解学生的学习实际。根据建构主义的观点，任何知识都是以主体已有的知识和经验为基础的主动建构。因此，影响学生学习最重要因素是学生已经知道了什么，应当根据学生原有的知识状况进行教学。教师只有真正了解学生的学习实际，才能有的放矢地采取适当的教学措施帮助学生不断改进并实现他们学习的目标。

从以上三点论述可以确立教师在教学中的引领作用，这种引领作用是以英语学习自组织的发展为前提和基础的。教师的教最终要落实到学生的学上，学生在教学中不是被动的接受者，而是主动的建构者，教师仅起到协助作用，即促进学生英语学习自组织的丰富和发展，因而学生在学习中处于中心地位。

按照建构主义和社会互动理论，学生在教学过程中的中心地位可以通过对英语学习的本质进行分析来予以肯定。

真正的学习应该是一个主动的建构过程，因而学习活动必然具有创造性质。

学生对于教师所讲内容必然有一个理解或消化的过程。首先，学习者必须依据已有的英语知识和经验去对教师所讲的内容做出解释，使之成为对自身有意义的东西，可以说是一种个体创造性的理解。解释活动实际上是指如何把新的内容纳入已有的认知结构，从而使其成为整个英语结构的有机组成部分。其次，英语学习者只有通过主动建构，才能从英语学习材料中提炼特定的意义，建立与先前知识和经验之间实质性、非任意的联系。

学习的过程不是单向度的，而是由多种因素相互作用和影响的复杂系统，包括外在环境、任务要求、个体认知和情感等方面。在这个过程中，学习者需要较好地适应自己所处的环境，进行自我调控和内部协调，以达到与环境的匹配和有效应对。英语学习是一个渐进的过程，需要经过多次的反复和深化，学习者要通过不断的实践和探索，逐步建构起对英语知识和技能的理解和应用能力。

英语学习活动是在学校环境中，在教师指导下进行的特殊活动，具有社会性质。英语学习活动及其构成不能单纯看作个人的进程，而在于学生的共同活动，包括学生一起训练、讨论、检验与评价。个人的语言知识与语言能力是在处理各种情境的相互作用、交流与合作的过程中得到发展的。如果学生基本上只习惯于接受和复制现成的语言知识，那么，其语言应用能力就不会得到发展。总而言之，个体的意义建构必然受到外部世界和社会环境的制约。学生和教师为英语学习这样一种主动建构活动提供了必要的外部环境。

教师引领与学生主体相结合，一方面突出了学生的主体地位，重视学生主动性和积极性的发挥；另一方面也肯定了教师的指导作用和人格魅力。这种教育思想将教与学的矛盾辩证统一起来，避免出现重教轻学和重学轻教的问题。

网络环境为学生提供了自主学习的条件，保证了学生学习主动性的发挥，但是网络环境下教师的作用并未削弱，教师仅仅是从教学的“前台”转移到“后台”，从知识的讲授者转变为学生学习的指导者、组织者和领航者。

2. 个别自主训练和小组活动相结合

个别自主训练和小组活动相结合的基本含义为学习是个体对意义的主动建构，而非被动接受。因此，要给学生自主学习即个别训练的时间去完成对目标内容的意义建构；同时，学习者不能局限于个人的范围，要和他周围的人（老师和同学）进行互动，这样才能促使英语认知结构更加有序。个别自主训练和小组活动相结合的英语教学活动归根结底是为了促进英语学习自组织的发展。下面将联系非线性理论和自组织理论，对这一要点进行阐述。

以系统科学非线性理论为基础，联系外语教学实际，语言和语言学习者本身都可以看成是一个复杂的非线性系统：语言是一个包括许多子系统（语音、语法、词汇、语义、语用等）的复杂系统，这些子系统互相依存，任何一个部分的变化都会引起其他部分的变化。所以，语言的变化和发展都是非线性的。

语言学习者非线性复杂系统中的表现主要在于人脑的非线性和复杂性。人的大脑有 10^{11} 个神经元，构成一个复杂的非线性神经网络。在外语教学中存在学习者的个别差异，所以外语学习有好有坏。教师在课堂上讲课、组织训练对学生一视同仁，但效果因人而异，因为非线性系统是一个原因和结果不成比例的系统。因此，教并不导致学，不要通过简单化的单变量的因果链的聚合去建立理论，因为复杂系统包括了许多相互作用的部分，当这些部分组合起来以后，它们的行为是不可预测的。可以从学习者的能力和水平、学习难度、教学大纲和语篇等不同的角度来看待外语教学中的非线性现象。正是因为语言和语言学习者的非线性，即使在同样的班级中，学生的能力和水平也会表现出差异。因此，对于同样难度的学习材料，有的学生可能会觉得很难，有的却感觉容易。教师除了提供不同难度的教学材料，还要让学生拥有个性化自主训练的时间和机会，使他们按照自己的水平和速度完成学习任务。

自组织理论强调系统内部因素对系统发展的决定作用，同时指出系统要发展，必须保持与外界的能量交换，使系统处于开放、有序、远离平衡的状态。具体对于语言学习者来说，语言水平的提高需要自身努力学习，掌握语言的组成要素，如语音、语法和词汇知识等。事实证明，语言知识掌握得好并不代表语言运用能力很强。语言运用能力的提高必须依靠各种真实或模拟情境中的体验和训练，小组合作活动正好可以为这种训练提供极为有利的机会。

3. 以真实英语材料为学习对象，语言输入与输出相结合

以真实英语材料为学习对象，语言输入与输出相结合的含义为语言学习要充

分利用真实的语言材料，做到语言输入与输出相结合。只有语言输入和输出相结合的英语学习，才符合英语使用的规律。

从语言学习的外部条件来看，语言输入的质量对语言学习非常重要。在外语环境下，网络是获取“粗调”输入最便利的场所，但网络英语资源良莠不齐，要求学生在这样的信息中选择适合自己的英语资源既费时费力，学习效果也不能令人满意。因此，对于英语听说材料来说，教师应根据学生实际，选择适当的网络资源并将其与现有英语听说资源整合成一个集文字、声音、图像、图形于一体的交互式网络听说教学平台，这个平台不但可以为学生提供真实的英语输入和学习情境，还可以起到培养学生自主学习能力的作用。

语言输出理论把输出对二语习得的作用提到了重要的位置，认为输出能促进学习者对语言形式的掌握，促使学习者使用会话策略，提供检验二语习得的机会。实际上，语言输入与输出是相互联系的，在日常交流中，一方是输入，另一方则是输出，反之亦然。

从语言学习的内部机制来看，根据安德森的思维的适应性控制模型，进入认知系统的英语陈述性知识必须不断地被激活才能达到自动化的程度。也就是说，英语陈述性知识的学习是英语语言学习过程的一个组成部分，它是起始阶段，不是英语语言学习的终点，英语程序性知识的获得即达到所学语言的自动化才是最终目的。

根据中介语特征理论，语言学习者的中介语发展是一个渐进的过程，是一个连续体，经历初级、中级和熟练三个阶段。由于英语学习者自组织的非线性，同一班级的学生不可能都处于中介语的同一阶段，会出现不同层次共存的情况。因此，在强调语言输入和输出相结合训练的同时，必须注意输入材料和输出任务的难度层次性问题。

综上所述，英语学习者自组织原理的核心思想可以概括为以下三个方面：第一，英语学习者可以看作自组织，英语学习自组织（英语中介语）是一个渐进的连续体，英语教学要以学生个体的英语学习现状和需求为根本出发点。第二，分层教学体现学生实际和需求，照顾学生个体英语水平差异，对学生英语陈述性知识向程序性知识的发展起促进作用。第三，英语学习自组织的发展，即英语陈述性知识被有效吸收，陈述性知识最大限度转化为程序性知识的必要教学条件是教师引领和学生主体相结合；个别自主训练和小组活动相结合；以真实英语材料为学习对象，语言输入与输出相结合。

（四）英语学习者自组织和外界因素的关系

英语学习者自组织的发展和外界因素的影响密切相关。这些影响因素中，教师、学生（其他英语学习者自组织）、教学方法和策略、教学材料、环境与教学媒体等产生直接影响。英语学习者自组织及其与外界因素的关系如图 3−1−2 所示。

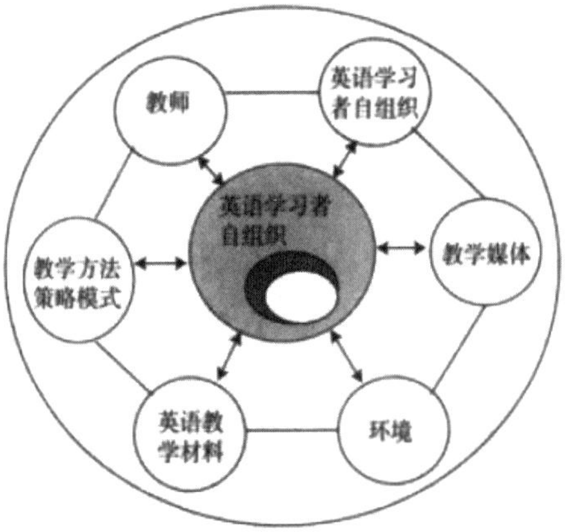

图 3-1-2　英语学习者自组织及其与外界因素的关系

在图 3−1−2 中，外部的大圆表示英语教学系统，这一系统由教师、英语学习者自组织、教学方法策略模式、英语教学材料、环境和教学媒体组成。这些因素之间相互联系、相互作用，都直接对英语学习者自组织产生影响。图中心圆圈代表英语学习者自组织，圆圈里面的部分代表英语学习者个体自组织，椭圆部分代表英语学习自组织。其中白色椭圆表示英语学习中的英语程序性知识组织结构，这一组织又包含英语听说能力和读写能力等子组织，深色椭圆表示英语陈述性知识组织结构，包含语音、语法、词汇、教学、语用等子组织。上述各子组织之间是相互作用、相互联系、相互制约、相互促进的非线性关系。英语学习者在一定的环境下通过教师、学生和教学材料等途径获取英语陈述性知识，并对获取的知识进行编码，通过与教师以及其他学习者的互动，使编码的知识更加有序。由于进入英语学习自组织（认知结构）的陈述性知识有部分得不到激活和强化而处于平衡态或近平衡态，所以陈述性知识组织结构要大于程序性知识组织结构。

不同的师生关系、英语听说教学方法、英语听说教学材料、英语教学环境以及教学媒体等因素组合对英语学习者自组织会产生不同的影响。对于英语学习者中的英语学习自组织来说，受到的不同影响在于吸收的陈述性知识的量以及陈述性知识向程序性知识转化的量的不同。英语教学中的师生关系、英语教学方法和策略、英语教学组织形式等是英语教学模式的主要组成部分，英语教学材料是英语陈述性知识的主要来源之一，可通过英语教学模式的施行使学生学习和吸收英语教学材料提供的陈述性知识，通过反复的运用促进陈述性知识向程序知识转化。因此，在不同的教学环境下，不同英语听说教学模式和听说教学材料的整合对英语学习者自组织发展产生的作用有大有小，由此对英语学习自组织发展的影响也不相同。由于任何知识的学习都是在原有认知结构的基础上进行的。所以，分层自主听说、输入输出相结合的教学模式和不同难度的英语听说材料符合学生实际和需求，照顾了学生个体英语水平差异，对英语学习者听说能力的发展有重要促进作用。

第二节　大学英语写作教学理论构建

一、英语写作教学的构成要素

（一）教师

教师是教学活动的组织者，也是影响教学效果最重要的变量之一。教师的主导作用是在与学生的交往中得以实现的。[①] 教师在教学过程中，除了要充分发挥自身的主导作用，更要注重自身素质的提高。一名合格的英语教师应该具备以下三个方面的基本素养。

1. 专业素养

（1）综合教学能力

在英语教学中，教师应具备语言以外的表演与书写、绘画与唱歌等综合教学能力。综合教学能力主要体现在以下几个方面。表演能力：教师可以最大限度地使用体态语，对情感或意义进行表达时通过协调动作与丰富表情来实施；制作能力：教师可以制作录像或幻灯片等同教学相关的多种教具；绘画能力：教师能够绘画简笔画，同时在教学中将其应用；唱歌能力：教师可以根据学生学习进度，针对学生热衷的英文歌曲给予教唱；书写能力：教师书写应确保规范与工整美观。

① 王玉宝，郝爱红．浅谈课堂教学中教师主导作用的应用[J]. 群文天地，2011（10）：194—195.

(2) 系统的教学理论知识

系统的教学理论知识也是英语教师必须掌握的。系统的教学理论知识是指教师除了掌握教育学、心理学理论以外，还要掌握外语教学理论知识，主要包括现代语言知识、外语习得理论知识和外语教学法知识等。

(3) 较高的语言水平

较高的语言水平是一名英语教师应具备的基础能力，主要包括扎实的语言专业知识和较高的语言技能。一方面，英语教师不但应保证自身的语法知识和英语语音、存储的词汇量丰富；另一方面也应强化读与写、听与说的能力。确保教学活动顺利开展的基础是教师具备较高的语言水平，唯有如此，才可以对教材予以整体掌握，才可以传授给学生更多的语法知识，提高学生英语语言能力。

(4) 外语教学的组织能力

教师号召并组织学生学习的能力即为外语教学的组织能力，重点表现在有效号召学生主动参与到学习中以及教师对课堂教学进行有效掌握两个层面。有效动员学生主动参与到学习中，就要求英语教师发挥自身的创新能力，在课堂教学中充分发挥创造性，保持思维活跃，知识技能运用熟练，能深层次感染学生，使学生在教师的指引下，积极而主动地参与到学习活动中。号召学生参与到学习中的基础力量在于教师能够说出流利的英语，教师发音准确而清晰，内容就便于学生理解。同时，还可以根据每一个学生语言水平的差异合理地组织自身语言，最大限度地使用学生已掌握的语法结构与词汇。教师要想对课堂教学进行有效的掌握，需要做好以下几方面的工作：其一，注重在课堂教学中的自身情绪及纪律，注意自身言语及其表达，并且关注教材内容。其二，注重对学生注意力的掌握。其三，对学生在词汇、语法及语音等层面的理解与表达的准确性进行关注。

2. 人格素养

教师素养呈现在人格素养层面。教师的专业与职业特征可用学高为师，身正为范进行概括，并且在一定程度上要求当代英语教师需要塑造人格。每一位出色的英语教师都具备良好的品质和高尚的道德品行，不仅心理素质良好、自我意识正确、教学语言幽默、仪表风度端庄，而且能够积极投身于教学实践中，充实自己的教学知识，不断总结教学经验，上述众多层面是互相影响和联系的，而不是单一存在的。

3. 师德素养

一名优秀教师最主要的素养是师德。师德是教师实施教学活动的初始动力，教师在塑造人格、热爱学生以及投身于教育事业等方面受到师德的影响，并且学生的成长也在一定程度上受到师德的影响。所以，英语教师一定要坚定理想信念，忠于教育事业，同时热爱学生、爱岗敬业。英语教师唯有落实责任感、公正性和奉献精神，才可以用言语来教导学生，用行动对学生进行示范。

（二）学生

学生是英语课堂教学的主体和中心。每个学生都是独特的个体，学生之间存在各种差异，尤其体现在语言潜能、认知风格、学习动机、学习态度以及自身性格等方面，使得他们理解和掌握新知识的速度和程度不尽相同。英语教师必须重点关注学生以下方面的差异。

1. 语言潜能差异

作为一种稳固天资，语言潜能就是外语能力的学习抑或外语学习所具备的认知素质。最大程度提高学生外语素养则需要对其语言的综合应用能力进行培养，而语言潜能旨在通过提高学生的认知素养对其外语学习的潜在能力进行预测。卡洛尔（Carroll）认为学习外语的能力应包括下述几个方面：与生俱来的吸收与同化有关的联想记忆能力；与输入处理有关的语音编码以及解码能力；组织并操作与语言材料相关的归纳性语言学习能力；基于语言材料推测语言规则的语法敏感性。[①] 语言潜能因学生的差异而有所不同，教师在课堂教学过程中要根据每一位学生的语言潜能进行针对性的教学，让每一名学生能够在不同情境下对不同的学习任务充分发挥自身优势，从而强化英语教学效果。

2. 认知风格差异

认知风格指的是人们在信息加工过程中所呈现出的长期不变的风格。第一，信息加工主要涵盖了接受与转化、储存与提取以及使用。第二，这种长时间一贯的风格主要体现在认知功能和认知组织两方面，不仅涵盖了认知过程（思维、记忆和知觉）层面的不同，而且囊括了认知能力和功能方面的不同，如个体的动机和态度等。[②] 学习个体不同，其认知风格也会有所差异，确切地讲，认知风格的差异表现出各自的长处与短处，然而这并不能说明个体学习有所不同。个体间能够运用其较为喜爱的信息加工方式，在对不同材料进行学习时势必能够凸显优势。倘若学生的认知风格符合学习情境中某些因素或者教师的教学风格，学生的学习成绩就会提高。基于此，英语教师要对学生各自的认知风格予以尊重并理解，根据学习情境以及学习任务的不同发挥出学生各自的优势，建构以学生需求为导向

① 常焕辉．现代英语写作理论及教学改革研究[M]．北京：团结出版社，2018．

② 张敏茜．浅析认知风格差异在教学中的运用[J]．卷宗，2012（6）：21-22．

的教学特色，从而提高课堂教学效果。

3. 态度

学生学习英语的另一重要影响因素是态度。态度指的是个体针对某一事物或某人而表现出的固定心理趋势，抑或是为实现某目标而奋发的一种情绪。态度包括情感成分、认知成分以及意动成分三个层面。针对某一目标而言，个体的喜恶程度为情感成分，个体的信念为认知成分，个体的行动意向与现实行动为意动成分。通常而言，某个学生倘若对某外语教学感兴趣，对此生活方式较为推崇，并且急切了解其社会习俗、教学和历史，那么他便会对此语言和教学抱有积极的态度。如此一来，就能够提高学生的学习效果。

对学生个体差异的分析是为了使教师能够根据学生的个体差异制定教学计划，选择适合的教学材料和方法，这具有重要的实践意义。

（三）教学内容

教学内容是连接学生和教师之间的桥梁，也是教学实践中不可或缺的一个重要构成因素。教学内容是指在教学活动中为实现教学目标，师生共同作用的知识、技巧、技能、思想、观点、概念、事实、问题、行为习惯等的总和。教学内容是一种特殊的知识系统，它既不同于语言知识本身，也不同于日常经历；既要考虑英语学科本身的知识体系，又要考虑学生的年龄特点和实际需求等。一般来说，教学内容包括以下几个方面。

1. 语言技能

语言学习与运用的四项基本技能是读与写、听与说。通过读与写、听与说的语言实践活动，学生能够增强综合运用技能，为实际的语言交际打下坚实的基础。“写”即学生在表达思想和信息输出时通过书面语形式实施的能力；“读”即对书面语进行理解与辨认的能力；“说”即学生在表达思想和信息输出时通过口语形式实施的能力；“听”即对话语进行理解与分辨的能力。

2. 语言知识

就英语学科而言，综合英语运用能力的有效构成部分即为基础英语语言知识。要想具备较强的语言能力，就需要稳固语言知识，包括一定量的词汇基础、一定的语法结构基础、一定的语言教学常识基础。

3. 教学意识

教学意识在英语教学中指的是该国家的方方面面，既包括价值观念和文学艺术，也包括风土人情和历史地理；既体现在生活方式中，也表现在传统习俗中。

学生对英语国家教学的理解与掌握，一方面可以加深其对英语的有效运用，进一步掌握该国教学；另一方面也能够强化学生人文素养。基于此，在课堂教学过程中，英语教师应按照学生的认知能力、年龄特点积极地为其渗透英语国家教学意识，在传授学生教学知识的同时，也培养学生的世界意识。

4. 情感态度

情感态度指的是学生在学习过程中以及学习效果的影响因素，包括意志与自信、动机与兴趣等。情感态度也可视为在学习过程中学生逐步形成的国际视野以及培养的国际意识。英语教师在课堂教学中要持续地调动和激发学生的英语学习兴趣，指引其逐步形成牢稳的学习动机，使学生增强自信心，培养学生的良好品格和乐于同他人合作的精神。

5. 学习策略

为有效进行学习与得到发展，学生采取的对策和路径即为学习策略。学习策略主要包括资源策略、交际策略以及认知策略等。学习策略的培养能够有效提高英语学习的效果，而选用有效的学习策略能够改善英语学习方法，培养学生学习技能，为学生自主学习能力的培养打下坚实的基础。基于此，英语教师应协助学生形成同自身特点相适应的学习策略，反思与总结自身学习过程与效果。同时，指引学生对其他同学的学习策略予以观察，多同其他学生沟通交流。

（四）教学环境

1. 教学环境的构成要素

教学环境指的是某些环境要素以及教育条件，以便对教学运作进行约束，保持教学结构稳固，并促进学生发展，易言之，教学环境是英语教学不能脱离的现实条件。环境因素是一种外部条件，英语教学效果在一定程度上受其影响和制约。教学环境的构成要素如表 3−2−1 所示。

表 3-2-1　教学环境的构成要素

要素	内容
个人环境（个人环境会对学生的英语学习产生一定程度的影响）	主要包括学生的家庭成员、同学、朋友的社会地位，物质生活条件，文化水平，职业特点和对英语学习的态度、经验、水平及学习方式，成员之间的关系及感情，学生的经济状况，拥有的英语学习设备和用具等

续表

要素	内容
学校环境（学校是为学生提供学习场所和学习手段的最佳环境，它对英语教学的影响更为重要和直接，决定着绝大多数学生英语学习的成效）	主要包括课堂教学、接触英语时间的频率、班级的大小、教学设施、教学资料、英语课外活动、英语教师及其他教职工对英语的态度及其英语水平、校风班风和师生人际关系等
社会环境（社会环境是影响和制约外语教学过程的重要因素，社会环境因素是英语教学向前发展的动力，对英语教学具有重要的导向作用）	主要指社会制度、国家的教育方针、外语教育政策、经济发展状况、科学技术水平、人文精神、社会群体对英语学习的态度以及社会对英语的需求程度等

2. 教学环境对英语教学的意义

成功的英语语言学习活动离不开其得以生存、发展、交流、应用的各种环境因素。教学环境潜在影响着教学活动的效果，是学生学习活动赖以进行的主要环境。教学环境对英语教学的意义主要体现在下述层面：在教学中，推进英语教师创建更好的教学环境，最大限度地运用多媒体技术和教学资源，使教学环境得以优化，进而提升学生综合运用英语的能力；能够协助教师对语言输入材料进行有效加工，对语言联系进行科学设计，从而营造出具有良好氛围的英语教学环境；有助于教师持续地对课堂教学环境予以优化，在对良好教学环境进行优化的同时，也在一定程度上强化了自身教学素养；能够帮助教师明晰学生英语学习的非主观性影响，同国内英语教学现实状况相结合，对国外英语教学理论与方法进行理性地选择、辨别与分析。

（五）教学方法

语言教学没有固定的教学方法，最为重要的是有效的教学方法。纵观英语教学史，众多教学法（自然法与认知法、交际法与翻译法、暗示法与功能法、视听法与直接法等）起到了关键功用，在一定程度上促进了英语教学的发展，然而通过实践可知，一些教学方法并不能应用在全部的教学内容中或全部的地区或所有的时期。倘若在英语课堂教学过程中教师墨守成规，不能与时俱进，不对教学方法进行创新和改进，单一采用以往的教学手段，学生势必会产生厌倦情绪，更不能激发学生学习的兴趣。同时，教学方法的不同，其侧重的语言技能以及语言知识也有所差异，唯有对各种教学手段进行灵活地综合运用，方可有效增强学生英语学习的能力，有助于整体促进学生英语水平的提高。

英语教师在教学过程中要格外注重的是，不管采用哪一种教学手段，其出发点都是提高学生的语言交际能力，最大程度上将教学同学生平时的生活、学习有机地联系在一起。针对学生所学的语言材料，教师应鼓励学生进行有意识和创新性地应用，在全新情境下对语句进行重新组织，将自身情感表达出来。为了最大限度地使教学过程交际化，英语教师在教材内容选择方面应确保教材源于实际生活的交际，同学生的年龄相适合，对不同阶段的学生所使用的教学教材也要有所差异。

二、建构主义理论

（一）建构主义理论的观点

1. 学习的主体性

学生作为学习的主体，是学习效果的内因，学生在学习中起着决定性作用。学习的主体性侧重学生的自主学习，在较为复杂的实际学习情境中，学生（学习主体）能够完成任务。建构主义理论从特定层面上认为，学生在生活、学习过程中，特定的经验与认知结构图式已形成，这对于学生新知识的建构发挥着极为关键的作用。鉴于学生先前的经验不同，学生对经验的理解有所差异，其认识与理解外部世界时必定存在较大差异。然而，换种角度来看，这种认知差异并非没有裨益。这些差异在学生构成的共同体中能够组建为重要的学习资源，通过自身的建构方式，学生可形成特有理解事物的体系。学生因差异在理解事物时存在不同，可经沟通与协同对其形成的思维成果进行共享，实现整体而深刻地理解。基于此，教师要在不断更新自身知识的同时，设计与其相符合的教学情境。

2. 知识的相对性

建构主义理论指出，知识不存在绝对性，而是具有相对性。在不同情境下，知识的应用并非单纯地模仿。由于情境的差异，其呈现出一定的特殊性，所以那种单纯而又教条式的记忆在教学过程中是不可取的，应该在具体的情境中掌控其差异的动态变化。基于这一理论，教学可理解为转换、处理知识，而并非传递知识。教师在让学生接受知识的过程中应充分尊重学生对不同现象的理解，而不应强制地灌输给学生知识，要多听学生对具体现象的想法，考虑学生为什么会有此看法，同时根据学生的解释，进行必要的调整或丰富。

3. 教学中教师的作用

建构主义理论认为，在学生建构知识的过程中，教师应发挥扶持与协助的作用，进而加深学生的理解。一方面，教师应对自身角色予以转变，教师的角色应是辅导学生学习的协助者，而并非传统意义上灌输式的知识传递者；另一方面，教师需要在具体情境中建构复杂的实际问题，并且能够意识到这些问题不止有一种解决方案，所以，需要鼓励学生对问题的解决所提出观点的多样化。此外，教师还要明白教学目标既涵盖认知目标，同时也将情感目标囊括其内，针对学生的情感层面，教师也要引起格外关注，切实做到把握学生个体同教学的内在联系。

4. 学习过程中的主要因素

情境、协作、会话以及意义建构作为学习过程中的四个主要因素，其作用被建构主义学习理论格外注重。[①] 具体有如下几点：在语言学习环境中，所谓情境，从本质上指的是教师为学生建构的语言交际活动的情境，具有真实性。杜威（Dewey）和布鲁纳（Bruner）等人的思想在一定程度上影响了人们对情境的关注；所谓"协作"指的是借助语言，学生个体间能够互相合作，如在评价学习成果、给予学习资料以及建构最终意义等方面的友好协作；"会话"在协作过程中是关键节点。学生个体间经过对话交谈的方式实现所要求的学习任务，由此可知，协作过程即为对话与商讨的过程；所谓"意义建构"指的是事物的规律特性与事物间实质内在的关联，是语言学习应实现的终极目的。

（二）建构主义理论的特征

1. 侧重于学生社会经历与语言学习之间的关联

学生依据自身社会经历建构有关知识意义的能力决定了其获取的语言知识量，而学生自身的记忆以及记忆老师讲授知识的能力并未发挥决定作用，因此，注重学生的社会经历，将社会经历同学生的学习有机地结合在一起，能够使语言学习更具实际价值，也更有利于学生较好地对语言进行认知与掌握。

2. 侧重于学习素材对学生的作用

在教学过程中注重学生受到学习素材的影响，实际上是为了针对学生的兴趣、能力等具体情况建立不同教育的观念（因材施教）。教师在教学过程中不但要关注学生具体发展水平，而且还要对其潜在的发展水平予以足够的重视，促使学生全面发展。从特定视角来看，此种全新观念要求教学设计有所创新，并且能够促

① 徐淑娟. 大学英语写作技巧与实践探究[M]. 北京：中国水利水电出版社，2015.

使教材编写手段做出相应的转变。具体而言，教学设计基于建构主义学习理论，一方面要注重教学目标，另一方面应关注学生会话意义建构的情境问题，同时将囊括情境形式与内容的情境创作视为学生在学习过程中的关键内容。

3. 侧重于交往的作用

交往在教学过程中是一种学习方式，近些年受到人们的普遍关注。针对学生的主体地位，教师应在教学中给予重点关注，进而使交往成为有效教学的关键因素之一。建构主义学习理论注重在教学过程中发挥交往的作用，切实将教学视为交往过程。在教学中，交往的作用主要体现在以下两个层面。第一，教师和学生间的互动：在课堂教学中，教师应转变角色，以指导者的身份主动地、有意识地营造学生与教师在沟通、交互方面的气氛；第二，学生与学生间的交流、沟通：基于语言交流，互动是对语言进行应用和实践的基础；学生能够在互动交流的作用和气氛下，积极地进行语言学习。

综上所述，学生与教师、学生与学生在教学过程中的互相沟通和交流具有极为重要的现实意义。一方面，交往能够实现学生和教师协同合作，达到教学目的，并且在交往中学生能够发现和认识自我，建构主体性，进而强化主体意识；另一方面，在交往过程中，能够促使学生学会合作，强化学生的个性，促进学生良好品格的形成。

二、合作学习理论

（一）合作学习的历史渊源

1. 思想渊源

（1）西方合作学习的历史

关于合作学习理论，西方众多著名专家、学者都曾对此进行过研究和论述，如亚里士多德（Aristotle）、托马斯·阿奎（Thomas Aquinas）、奥勒留（Aurelius）、柏拉图（Plato）等。亚里士多德认为合作学习的气氛可以激发人的求知本能，有利于人潜能得到最大限度的发挥。公元一世纪，古罗马的昆体良学派曾经提出，学生们可以从互教的方式中获益，该学派一直强调的观点是学习者共同学习可以互相激励，以合作促进学习。

文艺复兴时期，捷克著名的教育家夸美纽斯（Comenius）在他的著作中提出这样的观点，“学生不仅可以从教师的教学过程中获得知识，同样可以从其他学生那里获取大量知识”。启蒙时期，英国著名学者洛克（Locke）、法国著名学者卢梭（Rousseau）、美国的著名学者杰弗逊（Jefferson）、本杰明·富兰克林（Benjamin Franklin）等都曾经对合作学习进行过理论上的探讨。

（2）中国合作学习的历史

我国在两千多年前就产生了合作学习的思想，这一思想经历了多个阶段的发展历程。《诗经·卫风·淇奥》中曾经指出，“有匪君子，如切如磋，如琢如磨”。《学记》是中国教育名著，其中提出“相观而善谓之摩”“独学而无友，则孤陋而寡闻”等合作学习的观点。中国历代的许多私塾都采取“高业弟子转相传授”的办法进行教学，各地的书院更是盛行“切磋”之风。20 世纪 30 年代，著名教育家陶行知大力倡导“小先生制”。

上述只是我国关于合作学习理论的几个典型观点，这些观点在一定程度上都体现了合作最基本的理念，即互相帮助，共同发展。

2. 实践渊源

合作学习的实践历史由来已久。18 世纪，英国著名学者约瑟夫·兰开斯特（Joseph Lancaster）和安德鲁·贝尔（Andrew Bell）开始在英国广泛进行合作型学习小组试验。19 世纪初期，合作学习的方式传入美国，得到迅速发展并呈后来居上之势。著名教育家帕克（Parker）和杜威（Dove）对此做出了重要贡献。帕克致力于昆西教育改革的实施，他认为学校是最适宜儿童共同学习和生活的地方，也是最适宜实现民主的地方。杜威则把合作学习看成从做中学这一教学方法的构成部分。

目前大家普遍谈论的合作学习主要是 20 世纪 60 年代兴起于美国且盛行至今的合作学习。这一学习方式的重新兴起，既是美国关注和提高教育质量的结果，也是对传统教学形式进行反思的结果。现在的合作学习已经广泛应用于世界上绝大部分国家的教学实践中。

（二）合作学习理论的基本内涵

建构主义理论、语言交际功能以及认知心理学作为合作学习的理论基础，为合作学习的成功奠定了强有力的理论基础。研究这些理论基础，有利于学生对合作学习有更深层次的理解，也有助于提高合作学习的实际效率。

总而言之，在课堂教学中，合作学习以小组为单位，通过小组中的个体协同对不同的学习任务予以完成。合作学习注重群体合作，围绕学习者实施教学活动，侧重于学生的全面发展，如学生合作意识、学生内在动机、个人发展以及自我指导等。

（三）合作学习的基本要素

1．积极的相互依赖

这需要学生不仅负责自身学习，而且也应负责小组中其他学生的学习。混合编组作为相互依赖的有效方式，指的是在创建学习小组的过程中，要在最大程度上确保各英语合作学习小组中的学生有自身特性，并且可以共同促进学习。简言之，小组中的个体是互补的；混合编组的过程中应对学生成绩的差异、学生个体能力的差异以及性别差异的影响等方面的因素加以重视。

2．面对面的促进性交互作用

这要求学生可以通过面对面方式进行直接沟通，进一步推进小组中的个体互相扶持和帮助，共同实现学习目标。教师在课堂教学中应给予某些有利条件，并且需要对学生间的互相沟通予以鼓励，从而实现学生个体间的互相帮助。

3．个体的责任

所谓个体责任，指的是小组中的个体均需要肩负特定的学习任务，同时对分配的任务予以掌握，做到分工明确。小组能否成功取决于小组中个体的学习是否顺利，为此，要制定小组活动规则，对小组中的个人责任进行明确划分，旨在鼓励每一位学生均可参与活动。

4．合作的技能

所谓合作技能，指的是小组中的个体同其他个体相互学习需要的组织能力、沟通能力以及领导能力等，又称社会技能或社交技能。倘若小组个体不具备这些技巧或能力，就无法有效地融入该小组。鉴于诸多学生以往并未参与合作学习，因此尚不具备特定的合作技能，教师为此应该明确而有针对性地把合作技能教授给学生，从而促使其实施高效的合作。

5．小组自评

合作学习最终需要教师准确地了解小组实现目标的路径以及小组中个体间高效的工作关系等情况，因此离不开小组自评。小组需要定期对其共同活动状况进行评价，小组中的个体要通过反馈或自我检查的形式对小组活动的状况进行复盘，同时基于此提出完善对策，确保小组活动的高效性和成效性。

第三节　大学英语阅读教学理论构建

一、阅读的内容

英语教学要以内容为基础，脱离内容的教学是不可取的。内容可以是表达基本人际关系的最简单的功能语言，也可以是专业性很强的学术讨论。一部分语言是内容要求所必用的，另一部分语言则是与特定内容相兼容的。以内容为基础的材料必须使用相关的、自然的、生动活泼的语言。学习者在吸收内容的同时自然而然学会了相关的语言。这样的语言才是真实的。

在阅读中，阅读内容是最重要的。格莱利特（Grellet）把阅读的文章分为十四个大类：小说、故事、神话、散文、日记、自传等文学作品；戏剧；诗歌、韵律诗、儿歌、童谣；连环画、卡通、漫画、图画形式的传奇故事；字谜、填字游戏、游戏规则；信件、贺卡、电报、便条；报纸和杂志（标题、正文、评述、读者信件、分类广告、天气预报、广播电视的节目预告等）；专题文章、报道、评论文章、杂文、商业信件、总结、摘要、账目、手册等；统计表、图表、流程图、时间表、地图；手册指南、课本、旅游指南；食谱、秘方；广告、旅游手册、目录；说明书、指南、告示、规则和规范、海报、路标、菜单、价目表、标签等；电话簿、字典。

这十四类文章根据阅读的不同目的，大致可以分为三大类。前五类的文章主要为阅读者提供阅读的乐趣；第六类到第九类的文章主要为阅读者提供知识型的信息；第十类到第十四类的文章主要为阅读者提供工具型的信息。在阅读教学中，为全面提高学生的阅读能力，教师提供的阅读材料应包括这三大类的文章。

二、阅读的因素

阅读不是一个简单通过印刷形式获取语言信息的过程。阅读实际上是一个多种因素相互作用的过程。阅读成败取决于一系列因素。本小节将相关因素归纳为两类：读者因素和文本因素。

（一）读者因素

第一类读者因素指读者所具备的知识，其中包括相关背景或专业知识，以及语言知识。语言知识包含语音、语法、词汇等，同时也包括修辞知识。第二类读者因素指读者应具备的阅读能力和阅读技巧。这两类因素对阅读过程和结果有直接影响。

（二）文本因素

这类因素包括文本类别与体裁、文本修辞结构、文本的可读性、文本的排版印刷等。这类因素也会影响阅读的过程和效果。

三、阅读的目的和动机

生存需要这类阅读是为了满足某种即时需求，比如，阅读马路上的地铁指示牌，以便找到最近的地铁车站；阅读商品价目表，以便做出购买决策等。从中我们可以看出，这类阅读目的具有实用性。

学习需要这类阅读活动旨在获取各类信息或知识，丰富或更新在某一领域或方面的学识，拓宽知识面、拓宽视野、增长知识等。这类阅读所涉及的材料可以是专业或大众化的、文科或理科等。阅读活动目的可能是近期的也可能是长远的。这类阅读活动还包括语言学习。

休闲需要这类阅读活动的目的较为轻松，比如，节假日人们不需要像平时那样为工作奔波忙碌，闲暇之时取出本书来阅读，可作为解除疲劳、放松精神的一种方式。

在大学英语教学中，阅读的目的可以概括为以下几点：第一，通过阅读搜索所需要的信息。第二，通过阅读获取新的信息。第三，培养阅读理解能力。第四，从所阅读的文章中得到乐趣，激发阅读的兴趣。根据国家教委颁布的《大学英语教学大纲》，大学英语阅读教学更强调提高学生的阅读理解能力；培养学生假设判断、分析归纳、推理验证等逻辑思维能力；培养学生快速阅读的能力及阅读兴趣；增加学生的教学背景知识。

明确阅读目的有助于学生发挥积极性和主动性。心理学家测定，一个人的学习或工作如果缺乏积极性和主动性，其能力只能发挥 20%～30%。因此，要使学生的潜能得到充分的发挥，其思维意识必须全神贯注到整个阅读过程中，主动地、有选择地、有目的地进行阅读活动。而且，明确阅读目的有助于提高学生的阅读速度。因此，在教学活动中，教师要帮助学生明确阅读目的。

四、英语阅读认知心理学理论构建

（一）背景图式

1. 高夫（Gough）的信息加工模式

高夫 1976 年提出，“阅读加工是按从下到上的方向进行的，是一种系列加工（显然这种观点遵循传统的语义学观点）”。① 该理论的假设是阅读从注视（眼）开始，从字词解码开始，依次分为五个加工阶段：视觉刺激进入视觉系统，形成肖像表征；从肖像表征中（在极短的时间内）辨认字母，然后进入特征登记；将音素与特征登记中的内容匹配对应；在句子中系列性地认知词汇；存储短暂记忆达到的词条。

高夫的信息加工模式又叫作自下而上模式。在阅读理解过程中，文本可以理解为一个语篇，读者则是信息加工模式中的处理者，具有主动性和独立思考能力。具体来说，文本作为一个完整的语言表达体，在不同的层次上都有其独特的结构和逻辑，这些层次包括词汇、短语、句子、段落和篇章等。而在信息加工模式中，感知、注意与编码、存储与组织和回忆等过程都与文本中的这些不同层次有关。例如，在感知阶段，读者通过感官接收到的信息包括文本中的语音信息和视觉信息，如读取文字和理解图片等；在注意与编码阶段，读者需要选择蕴含重要信息的单词或短语，并对其进行解码与识别；在存储与组织阶段，读者需要将已经编码的信息存入记忆系统，并进行组织和整理，以便在需要的时候进行检索和应用；在回忆阶段，读者需要从记忆中提取出相应的内容，使其再次进入意识状态，以供理解、推理和表达。

显然，自下而上模式符合语言学和认知心理学的基本原理。首先，语言是由单词组成的，单词是构成句子的基本单位，句子则是语言中表达完整意义的基本单位。其次，按照自下而上模式，教师在语言习得和教学过程中，一般会由简到繁、由浅入深地进行教学，这是因为学习者需要先掌握基本的词汇和句法结构，然后逐渐扩展到更复杂的语言组织和应用场景，这种由低到高、由简到繁的教学模式可以帮助学习者逐步建立起对语言的理解和运用能力。最后，这种教学模式也符合人类认知心理学中信息加工和记忆的原理。在信息加工过程中，人们倾向于先处理较小单元的信息，然后将其组合成更大单位的信息。同样地，在记忆过程中，人们更容易记忆和回忆较简单的信息单元，然后逐渐将其整合为更大范围

---

① 林崇德，杨治良，黄希庭．心理学大辞典下[M]．上海：上海教育出版社，2003．

的语言单位。由此可见，从低到高、由简到繁的教学模式也与认知心理学的信息加工和记忆机制相契合。

由简到繁的教学模式可能导致过度简化问题或机械学习：在真实的语言使用中，句子往往是相互联系的，其中多个组成部分之间存在复杂的语义关系和语用关系，而仅仅将语言学习和教学划分为字词、句子和语篇这三个层次，容易忽略这种复杂性，使学生难以理解实际使用中的语言；如果过于注重让学生掌握各种规则和结构，而忽略了语言的实际使用，学生可能只是机械地运用语言，而无法真正理解和表达自己的思想。针对自下而上模式的缺陷，史密斯（Smith）和古德曼（Goodman）提出了一个相反的阅读模式。

2. 古德曼的心理语言模式

古德曼提出的心理语言阅读模式是一种对于文字阅读和理解的认知模型。[①]该模型在20世纪60年代提出，旨在解释人们在阅读过程中如何使用各种线索和背景知识进行猜测、预测，并推断出文本的含义。心理语言阅读模式认为，阅读是一种预测和推测的过程，读者通过整合已有的语言知识、上下文信息、个人经验和语言结构等多种因素，对文本中的意义进行推测。读者根据自己的预期和假设，逐步建立文本的认知框架，并与文本逐步协调和调整，以达到理解的目的。读者在阅读语篇时，并不是按照一个严格的、线性的方式对每个单词和短语进行解码，而是通过一种带有推测的方式进行信息处理和意义建构。换句话说，读者并不是以一种有序的方式去阅读，而是带着意义期望去阅读。

在古德曼看来，阅读并不等于对一系列的词的认知，他认为读者先前的知识和记忆对阅读理解至关重要，并专门就此提出了一套心理语言模式，又叫自上而下模式：读者首先从文本的整体意义出发，通过已有知识和上下文信息产生一些假设，然后逐步根据这些假设去验证和调整对文本的理解。也就是说，读者从全局的角度出发，用自己的先验知识、经验和期望来预测文本的含义，然后再根据文本的实际内容进行调整。这个过程类似于一个自上而下的推导过程，是从上层整体信息到底层细节的推理过程。

相对应地，传统的语言学习方式强调的是分析文本中较小的语言单位（如单词和句子结构），并逐步建构对整个文本的理解。传统的语言学习方式通常将阅读视为一个机械的过程，注重词法、句法和语法规则，而心理语言阅读模式将关注点放在读者的认知过程上，强调读者与文本的交互和推测。心理语言阅读模式

① 林崇德，杨治良，黄希庭．心理学大辞典下[M]．上海：上海教育出版社，2003．

认为，读者利用上下文信息和背景知识来推测文本中的意义，这使得阅读过程更贴近真实的沟通和交流情境，能帮助读者更全面地理解文本。

相较于传统的语言学习方式，心理语言阅读模式更注重对文本意义的整体理解，而非仅仅关注词汇和语法规则。它认为阅读是一种综合考量各种线索和信息的过程，读者通过多个途径获取意义并进行推测。

心理语言阅读模式对阅读研究起到了促进作用，但是这个模式也有局限性：在某些情况下，读者可能无法理解新词汇、语法构造或文化背景，这时候他们的推测和意义建构就可能失效。此外，对一些阅读材料，读者也不仅仅依靠词汇和上下文来推测意义，而是进行深层次的分析、推理或评价。

3．交互式模式

上述两种模式通常被认为是线性的，信息处理需要经过几个非交互式的阶段。每个阶段独立工作然后把处理结果传递给下一个阶段。信息传递的方向是单向的，高端信息无法影响低端信息处理。

鲁姆哈特（Rumelhart）的交互式模式理论是一种描述人类认知过程的模型，它基于神经网络的概念，旨在解释人类对信息的处理和认知。① 该理论假设认知系统中存在多个单元，这些单元代表不同的概念或特征。这些单元之间连接且相互交互，并且具有相应的激活水平。当外部刺激输入系统中时，不同单元之间的相互作用会激活水平的变化，从而影响认知结果。

具体来说，交互式模式理论包括两种类型的单元：特征单元和概念单元。特征单元代表输入信息的不同特征，如字母、颜色或形状。概念单元代表更高层次的概念或意义，如字词或物体。在交互式模式理论中，特征单元之间存在竞争关系和抑制关系。当一个特征单元被激活时，它会通过连接影响其他特征单元的激活水平。同时，概念单元也与特征单元相互连接，当概念单元被激活时，它会通过连接影响特征单元的激活水平。这种竞争和相互作用的过程使得系统能够对输入信息进行加工和处理，并产生相应的认知结果。

交互式模式理论可以解释一系列认知现象，如模糊性辨别、模式识别和语义预测。通过调整单元之间的连接权重和激活阈值，该模型可以模拟不同的认知任务和行为表现。总之，交互式模式理论提供了一种描述人类认知过程的框架，通过模拟神经网络中单元之间的相互作用，解释了信息加工、模式识别和语义处理等认知现象。这个模型对于理解人类认知的基本原理和机制具有重要意义，并在

① 林崇德，杨治良，黄希庭．心理学大辞典下[M]．上海：上海教育出版社，2003.

认知科学领域得到了广泛应用和研究。

鲁姆哈特非常重视词汇、正字法、句法、语义和语境等信息的作用，认为这几个因素对阅读过程具有重要的制约作用，通过相互作用和竞争的方式影响整个阅读过程的理解和加工。单词是语言的基本单位，单词可组织成短语、句子和文章，当读者遇到一个单词时，此单词会立即与其他相关的单词进行相互作用和竞争，从而影响整个句子的理解和语义加工。正字法对阅读过程具有制约作用，因为阅读过程中需要将视觉输入转化为语音表征，而正字法系统决定了这种转换的方式和规则。句法信息控制着句子的组成方式和含义的表达，可以通过连接和竞争来影响单词和短语的处理，从而影响整个句子的理解和语义加工。语义信息通常从单词、短语和句子上下文中获取，能够通过激活和竞争来影响单词、句子和段落的处理和加工。语境信息可以通过激活和竞争来影响单词、句子和段落的处理和加工，从而产生更加准确和完整的理解。

当读者具备上述语言处理知识时，往往能够更好地理解篇章中的复杂结构和意义。例如，读者可以准确地解析并理解复杂的句子结构，识别并处理隐含含义和修辞表达，还能够将篇章中的信息与自己的背景知识和先验知识相结合，进行推理和推断，从而获得更深入的理解和解释。相比之下，如果缺乏高级语言处理知识，读者可能只能依靠基础的词汇理解文本表面信息，容易产生误解或忽略篇章中的重要细节和含义，较难把握文章的整体思路、主题和结构，对篇章的理解会受到限制。

与信息加工模式和心理语言阅读模式相比，交互式模式理论更能体现综合性和预测性：交互式模式理论能够综合考虑不同层次的信息处理和特征提取过程，包括从低层次的感觉特征到高层次的语义信息；信息加工模式更侧重于底层特征的处理，而心理语言阅读模式则注重语言和语义层面的分析。交互式模式理论能够预测不同条件下人类行为的变化和差异，这一点在实际应用和设计认知实验时具有重要意义；信息加工模式和心理语言阅读模式则较难直接产生量化的预测结果。

20 世纪 80 年代，有学者基于鲁姆哈特的观点提出了交互补偿模式，该模型关注读者如何通过不同的效应、策略或技能来理解文本，从而说明了阅读理解是一个多元素和动态的过程。该模式的交互体现在不同的阅读过程和策略之间相互作用、相互影响，当一个过程出现问题时，其他过程可能会通过交互产生调节作用，帮助读者更好地理解文本；补偿则体现在读者可以通过不同的策略来补偿自己的阅读能力，当阅读速度过快时，可以通过回溯来恢复理解。这些策略都是通过补偿不足来保证阅读理解的质量。

（二）元认知策略

弗拉维尔（Flavel）的元认知策略也被称为元记忆策略或元学习策略，是指个体在学习和解决问题过程中使用的一组策略和技巧，用于管理、监控和调节自身的认知过程和学习行为。这些策略帮助人们思考和反思他们的学习目标、了解自己的学习进展和困难，并采取相应的措施来提高学习效果。元认知是指对认知过程本身的认知，或者说是对个体在学习、解决问题和思考等活动中所运用的各种认知策略和技巧的认识和了解。它关注个体对自己的认知过程进行监控、评估和调节的能力。

元认知策略主要包括个体元认知知识、任务元认知知识和策略元认知知识三方面内容。

个体元认知知识是指个体对自己和自己的认知过程的了解。个体需要了解自己的学习风格、学习偏好和能力水平等。同时，个体还需要了解自己的思维方式、注意力控制和记忆力等认知过程，并能够有效地利用这些知识来提高学习效果。

任务元认知知识是指对所面临的学习任务的了解和理解。个体需要了解任务的要求和目标，以及任务所需的时间和资源等。此外，个体还需要确定任务的复杂性、难度和重要性等因素，以便更好地选择和运用相关的元认知策略。

策略元认知知识是指个体了解并能够选择和运用相关元认知策略的能力。个体需要了解和掌握不同的元认知策略，以便在不同的学习任务和情境下采取相应的策略。例如，计划、监控和评估策略都是重要的元认知策略，个体需要了解并灵活运用这些策略来提高学习效果。

这三种元认知策略相互作用，共同影响个体的学习过程和结果。个体需要通过不断地培养和发展这些元认知策略，自主地管理和调节自己的学习过程，以便更高效地学习。

阅读理解是一个认知的过程，不仅涉及识字、理解句子、理解段落和整篇文章的意义，还包括读者在整个阅读过程中对自己的认知过程进行监控、评价和调节的能力。当读者面对阅读材料时，首先需要设立合理的阅读目标，如获取特定的信息或者深入理解某个概念。在阅读的过程中，读者会不断地检查自己的理解，对自己感到模糊或困惑的地方进行分析和反思，并采取相应的方法加以调整。例如，读者可以重读一些难懂的句子，查阅相关的词汇或者背景知识，以便更好地理解文本。

学生在阅读过程中应明确阅读的目标，并持续监控自己是否达到这一目标。

例如，设定阅读的目标来获取特定信息、理解某个概念等。通过设定和监控目标，个体可以更好地调控自己的阅读行为，提高阅读效果。

元认知策略强调利用已有的知识和经验来促进阅读理解。学生可以在阅读之前先尝试预测文本的内容，激活与该主题相关的旧知识，并与新知识进行联系和对比。这样可以帮助个体更好地理解文本，建立起一个有机的知识网络。

元认知策略鼓励个体在阅读过程中不断监控自己的理解和思考过程，并及时进行调整和修正。如果学生意识到自己对某个概念理解不足或遇到了困难，可以采用各种方法来解决问题，如查阅词典、拆解长难句、利用思维导图等。这种监控和调整的过程能够帮助个体更好地理解文本信息。

（三）基层因素理论与多层因素理论

基层因素理论由霍姆斯（Holmes）提出。这一理论认为，阅读是一个复杂的视觉与听觉的符号处理及推理过程，这一过程受到各种复杂的、多层次的因素影响。由于阅读的需要，这些因素组合成一个不同层次的心理工作系统来完成阅读的任务。在读者的阅读能力成熟后，低层的工作系统会与高层的工作系统相结合形成一个网络。这个网络一旦形成，就能自动地在阅读中发挥它的作用。

按照这一理论，有效阅读的核心在于将这些不同层次的能力加以综合。提高阅读能力的最佳途径就是制定明确的短期目标，在不同的时间阶段，分别、重点培养阅读过程中不同层次的能力，以达到全面培养和提高学生阅读能力的目的。根据这一理论，阅读行为本身可以分为阅读能力和阅读速度。能力可细分为智力（与阅读材料相关的知识等）、对词语关系的领悟力、对词语在上下文中含义的掌握、每次目光移动的间隔时间以及其他因素，如求知欲、持续能力、阅读环境、推理、判断、归纳能力等。阅读速度可细分为对词义的掌握、分辨词语的能力、辨认词语时目光的幅度和其他因素，如根据上下文猜词的能力、对不同文体结构的知识、基本阅读技能等。

第四章　大学英语教学的创新路径

在经济全球化背景下，英语作为国际交流的主要语言，其重要性不言而喻。大学英语教学不仅关乎学生的知识技能掌握，还关乎他们的综合素质和国际视野的培养。然而，传统的大学英语教学模式往往无法满足学生个性化、多样化的学习需求，因此，探索大学英语教学的创新路径成为当务之急。本章旨在通过研究国内外先进的英语教学理念和方法，结合我国实际，为大学英语教学提供创新性的思路和策略。

第一节　大学英语知识与技能教学的创新

一、大学英语词汇教学创新研究

词汇是英语语言的基础和重要组成部分，无论是英语基础知识的丰富还是英语基本技能的提升，都离不开词汇的积累和掌握。以下对大学英语词汇教学的原则和方法创新进行研究。

（一）大学英语词汇教学的原则

在大学英语词汇教学中，教师应遵循科学教学原则，以使词汇教学更加高效、有序地进行。具体而言，教师在开展词汇教学时可遵循以下原则。

1. 循序渐进原则

学生的学习都是循序渐进的，所以教师在开展大学英语词汇教学时应遵循循序渐进原则。具体而言，在大学英语词汇教学中这一原则是指教师在教学数量和质量平衡的基础上逐层加深所教内容。基于循序渐进原则，大学英语词汇教学不能仅仅重视学生对词汇数量的掌握，也应重视学生对词汇质量的把握，要做到在增加学生词汇数量的基础上，提升学生对词汇使用的熟练程度。逐层加深是指大学英语词汇教学应由浅入深、层层递进地进行，因为课堂教学中不可能一次性教授词汇的所有含义，学生也不可能一次性掌握全部知识。所以，在大学英语词汇教学中，教师要避免急于求成，应由浅入深地推进教学，逐步提升学生的词汇能力。

2．词汇呈现原则

在大学英语词汇教学过程中，教师首先要向学生呈现词汇。实际上，教师如何呈现词汇，对学生的学习兴趣有着直接的影响。因此，教师要注意词汇呈现的方式，要确保呈现的直观性、趣味性和情境性。

3．联系教学原则

大学英语词汇教学应遵循联系教学原则，因为语言与教学密切相关，很多词汇都蕴含着丰富的教学，而且词汇学习的最终目的也是进行跨文化交际。遵循联系教学原则是指在大学英语词汇教学过程中词义的讲解、结构的分析都应与教学相联系。充分理解语言教学有助于加深学生对词汇的理解，使学生全面掌握词汇的演变规律，有效地运用词汇。

4．回顾拓展原则

记忆词汇对词汇学习而言十分重要，但伴随记忆的还有遗忘。在学生的词汇学习中，不可避免地会产生遗忘问题，如果每天不加以复习和巩固，将很难记忆词汇，因此大学英语词汇教学应遵循回顾拓展原则，回顾拓展原则是指在教学中将新旧词汇结合起来，利用已教授的词汇来教授新的词汇，以便让学生对旧的词汇加以巩固，同时有效拓展和掌握新的词汇。

5．词汇运用原则

大学英语词汇教学的目的并不仅仅是让学生记住词汇，丰富学生的词汇量，而是让学生学会如何运用词汇，也就是运用词汇进行交际，因此在大学英语词汇教学中，教师应遵循词汇运用原则。这一原则是指在教学中教师不仅要讲授词汇知识，还要引导学生对词汇加以运用。具体而言，教师在教学中要设计符合学生学习特点的教学活动，让学生积极参与教学互动，进而提升词汇运用能力，增强学生的交际能力。

6．新潮性原则

现在的大学生生活在大数据时代，思想开放、想法新颖，他们的学习生活与信息之间的关系较为紧密。对此，大学英语词汇教学也应与时俱进，体现新潮性。例如，教师在教授课本词汇的同时，可以加入一些相关的热词、新词，让学生感受到语言的鲜活性和发展性。

（二）大学英语词汇教学方法创新

合理、有效地运用教学方法，可显著提升大学英语词汇教学的效率，优化大学英语词汇教学环境。因此，在大学英语词汇教学中，教师应创新教学方法，提高教学效果。

1. 词汇记忆法

要想有效掌握和运用词汇，首先要记忆词汇，记忆对于词汇学习是至关重要的，因此在大学英语词汇教学中，教师有必要向学生介绍几种记忆词汇的方法。

（1）归类记忆

①按词根、词缀归类

很多英语词汇的构成存在一定的规律，即由词根、前缀和后缀构成，对此教师可以引导学生对词根、词缀进行归类，这样不仅能提高记忆的效率，还能使学生掌握记忆词汇的规律，提高其对词汇学习的兴趣。

②按题材归类

教师可以借助日常交谈中的话题来帮助学生记忆词汇。在日常的生活和交际中常会涉及不同的话题，教师可以引导学生将与某话题相关的词汇进行归类，这样学生既能有效地记忆词汇，又能锻炼学生的交际能力。

（2）联想记忆

联想记忆也是记忆词汇的一种有效方法，具体是指以某一词为中心，进而在头脑中联想与之相关的词汇。这样可以发散学生的思维，使学生的词汇掌握更具系统性，而且记忆效果更佳。

（3）阅读记忆

词汇与其他语言技能有着密切的联系，如词汇与阅读关系密切，可以通过阅读来记忆词汇。具体可以通过精读和泛读来记忆词汇，通过精读可以深入了解词汇的含义，通过泛读可以进行无意识记忆，加深对精读所学词汇的记忆。可以看出，经常进行阅读不仅可以有效记忆词汇，还能加深对词汇的认识，了解词汇在特定语境中的运用情况。

2. 教学法

随着语言教学的教学倾向以及语言与教学的密切联系，大学英语词汇教学应与教学相融合，一方面培养学生的教学素质，另一方面通过教学来深化学生对词汇的认知，进而培养学生的跨文化交际能力。具体而言，教师可以采用以下几种方法。

（1）融入法

在大学英语词汇教学中，教师可以将词汇教学与教学相结合，也就是将相应的教学知识融入词汇教学中，从而让学生在掌握词汇知识的同时了解其教学含义，提高学生的词汇理解和应用能力。具体而言，在备课过程中，教师可以选取一些与教学内容相关的典型教学材料，将它们恰到好处地融入词汇教学课堂，以增强教学的趣味性、知识性，并且还能扩展大学生的视野，提高学生的积极性，拓宽学生词汇学习的深度。

（2）扩充法

词汇学习不能仅依靠教师的课堂讲授，还要依靠学生的课外自主学习，对此教师应有效引导学生充分利用课外时间来自主扩充词汇量，丰富词汇教学知识。

①推荐阅读

教师可以向学生推荐一些课外读物，如《英语学习教学背景》《英美概况》等，让学生利用课余时间进行阅读。通过阅读英语名著，学生不仅能充分了解西方教学背景知识，扩展视野，还能积累丰富的词汇，了解词汇的运用背景以及词汇的教学含义，更能培养学生良好的自主学习习惯，促使学生终身学习。可见，阅读英语书籍对学生的词汇学习是非常有意义的。

②观看英语电影

现在的大学生对于英语电影有着浓厚的兴趣，对此教师可以借助英语电影来提高学生的词汇能力。具体而言，教师可以选取一些蕴含浓厚英语教学的电影让学生观看。这样学生可以在欣赏影片的过程中切实感受英语教学，提高自身素质和词汇能力，同时提升学生学习词汇的兴趣。

二、大学英语语法教学创新研究

语法是语言使用规律的总和，如果不掌握语法，将无法有效掌握语言，更不可能进行有效交际，所以语法学习十分重要。在大学英语教学中，教师应该重视大学英语语法教学，并不断进行创新研究，以提高大学英语语法教学效率，提高学生的语法应用能力。

（一）大学英语语法教学的原则

大学英语语法教学的有效开展应以科学的原则为保障，也就是说，在大学英语语法教学中，教师应遵循一定的原则，以确保教学高效开展。

1．以学生为中心原则

以学生为中心原则是指教学活动要以学生为主体，紧紧围绕学生来开展，大学英语语法教学也应遵循这一原则。在大学英语语法教学中，教师应更新教学理念，认识到学生的主体地位，将学生放在教学的中心位置，有效激发学生的学习兴趣，鼓励学生积极参与教学活动，引导学生自主发展、学习和掌握语法规律，培养学生的语法能力。

2．交际性原则

交际性原则是指恰当地运用多媒体设计课堂教学，创设合理的语言交际环境，使语言交际环境符合实际环境，从而帮助学生更好地掌握语法知识，提升交际能力。提高学生成绩并不是语法教学的最终目的，对语法知识的应用才是语法教学的本质，所以语法教学应结合实际生活培养学生的语法思维，提升学生的听、说、读、写能力，进而提高学生的语言交际能力。

3．系统性原则

我国大学生在语法方面存在的显著问题之一就是语法知识掌握不够系统，很多学生常常机械、孤立地学习语法知识，无法有效区分概念详尽的语法内容，导致他们在口语表达和书面写作中出现语法错误。实际上，英语语法有其自身的规律，教师在开展语法教学时应在遵循系统性原则的基础上，引导学生注意语法之间的关系，帮助学生完善语法知识系统，使学生系统地掌握语法知识。

（二）大学英语语法教学方法创新

为了提高学生的语法水平，培养学生的交际能力，教师应灵活选用有效的教学方法开展语法教学。

1．三维教学法

在具体教学过程中，英语教师倾向于两种教学方法：一种是注重语言形式或语言分析的教学方法，另一种是注重语言运用的教学方法。这两种方法各有侧重，但实践证明，将两种方法结合起来会更加有效。从交际角度而言，语法不仅是各种形式的集合，语法结构不仅有句法的形式，也可以运用具体的语言环境来表达语义，可以将这三个方面表述为形式、意义和用法。三维教学法的实施包含五个步骤：热身运动、发现语法、学习形式、理解意义、应用语法。

热身运动是对上一课堂要点的复习，然后通过一些参与性活动，如听歌、表演、竞赛等形式，让学生对新的内容有所了解，调动学生的背景知识，激发学生的求知欲。

发现语法是指学生通过教师讲解和引导，感知和发现语法现象。

学习形式是指学生在发现语法的基础上，用语法结构的形式总结出语法规则。在课堂教学中，这部分内容表现为阅读文章，通过阅读文章找出类似的形式和结构。这一阶段为学生下一步理解意义做好准备。

理解意义是指设计以理解意义为主的活动，从而促进学生对语法项目的理解，为语法的应用奠定基础。

应用语法是指教师为帮助学生掌握语法规则、提高其语法应用能力所设计的语篇意识强、交际性好，能够促进学生思维发展的活动或任务。

在具体的教学过程中，教师可以根据具体的教学情况对上述几个步骤进行调整。

2. 语境教学法

为了调动学生的感觉器官和学习兴趣，教师可以采用语境教学法来开展语法教学，让学生在真实的情境中学习，帮助学生系统地掌握语法知识，提高学生的语法运用能力。

（1）运用媒体，展示情境

在大学英语语法教学中，教师可以运用多媒体技术进行教学。多媒体技术素材丰富多样，包含图像、图形、文本、动画以及声音等，将对话体现得生动、形象，使图像和文字都得到了充分的体现，课堂不再沉闷，学生的感官得到了调动，加深了学生的印象，提高了学生参与课堂教学的积极性，学习效率也得到了显著的提升。

（2）角色扮演，感受情境

在大学英语语法教学中，教师还可以组织学生进行角色扮演，让学生身临其境地学习语法知识。学生可以通过自己扮演的角色，体验相应情境下人物的言行举止、思想情感，深化所学知识，提高学生的人文素养。

三、大学英语听力教学创新研究

听力不仅是重要的语言输入技能，也是交际的重要方式，更是大学英语教学中不可或缺的一部分。提高学生的听力能力是大学英语听力教学的重要目标，其最终目标是培养学生的跨文化交际能力，即运用英语进行交际活动。

（一）大学英语听力教学的原则

1．激发兴趣原则

听力能力的提高需要一个过程，不能一蹴而就，需要不断地练习，很多学生由于自己的听力能力不佳，加上进步缓慢，因此对听力学习缺乏兴趣。可见，兴趣对于英语听力学习至关重要，对此教师在开展大学英语听力教学时要有意识地激发学生的兴趣，遵循激发兴趣原则。具体而言，教师在进行听力教学之前，要先充分了解学生的兴趣所在，即了解学生对哪些听力活动和听力内容感兴趣，以此为依据来调整教学内容和教学方法，从而激发学生的听力兴趣，调动学生的积极性，进而提高学生的听力水平。

2．情境性原则

听力是交际的重要方式，学生只有在自然、真实的环境中，才能与环境产生相应的互动，获得真实的语言体验。很多教师往往都有这样的感受，即教师竭尽全力鼓励学生参与课堂活动，但学生依然对听力学习缺乏积极性，课堂教学较为沉闷。实际上，良好的课堂氛围需要师生共同营造，教师应该与学生积极沟通，充分发挥自己的主导作用和学生的主体作用，应在活跃、自然的课堂环境中创建英语语言学习情境，进而培养学生的听力能力。

3．综合原则

英语四项基本技能即听、说、读、写之间并不是相互独立的，而是密切联系、相互促进的。所以，教师要想切实提高学生的听力水平，就要重视听力与其他技能之间的关系，将输入技能训练和输出技能训练相结合，培养学生的综合英语能力。

（二）大学英语听力教学方法创新

在大学英语听力教学中，教师应不断更新教学理念，创新教学方法，以提高教学质量和效率。具体而言，教师可以采用以下几种方法来开展大学英语听力教学。

1．技能教学法

听力的有效进行需要一定的技巧，因此在大学英语听力教学中，教师应向学生介绍几种常用的听力技巧。

（1）听前预测

在进行听力测试之前，进行一定的预测是很有必要的。在教学中，教师可以指导学生在正式听材料之前，先浏览一下听力问题，据此预测听力考试的范围，如地点、时间、人名等，这样可使听力更具针对性。

（2）抓听要点

在听的过程中，要学会抓听要点，也就是抓听交际双方言语活动中的主要内容、主要问题、主题句和关键词等，对于一些无关紧要的内容则可以不用重点去听。

（3）猜测词义

在听力过程中不可能听明白每一个词，而且有时难免会听到陌生的单词，此时如果停下来思考这个词的意思，就会影响对整个听力材料的理解。这时可以继续听，通过上下文来猜测词义，这样既不会中断思路，也能顺畅地理解听力材料内容。

（4）边听边记

听力测试具有速度快和不可逆转性的特点，听者在有限的时间内不可能听懂和记住所有的内容，此时就需要借助笔记来辅助听力活动，也就是边听边记录。听力笔记不需要十分工整，听者自己能看明白即可。

2. 教学导入法

（1）通过词汇导入

词汇是语言的基本要素，蕴含着深厚的教学内涵，所以要了解西方教学，首先要从词汇开始。在大学英语听力教学中通过词汇向学生导入教学知识，不仅可以提高学生的学习意识和素养，还能丰富学生的词汇量，为听力能力的提高奠定基础。在听力教学中，有意识地拓宽学生的词汇量，丰富学生的词汇教学知识，将对学生听力能力的提升大有裨益。

（2）通过习俗导入

在交际中必然会涉及习俗教学，如打招呼、称呼、感谢等，了解这些习俗教学对听力能力的提升具有重要意义。在具体的听力教学中，教师可以设计情境对话，或者安排学生进行角色扮演，让学生置身于英语环境中感受英汉习俗教学的差异，锻炼学生的英语听力能力。

（3）通过网络多媒体导入

现代信息技术的发展促进了网络的普及，网络在各个领域发挥着巨大作用。在信息时代，教师可以充分利用网络技术向学生传授教学知识。具体而言，教师可以运用多媒体设备向学生展示教学知识，引导学生进行广泛的听力活动。此外，教师可以鼓励学生通过网络查寻听力资料进行练习，这样可以培养学生的自主学习能力，锻炼学生的听力能力。

四、大学英语口语教学创新研究

由于国家间交流日益频繁，英语口语的作用和地位越来越凸显，因此英语口语教学逐渐受到人们的关注和重视。要想提高学生的英语口语能力，就要对大学英语口语教学进行创新，即在遵循一定教学原则的基础上，探索和使用新颖的教学方法。

（一）大学英语口语教学的原则

1. 先听后说原则

在英语语言技能中，听和说是相辅相成的，听是说的基础，俗话说“耳熟能详”，只有认真听、反复听、坚持听，才可能说一口流利的英语。因此，大学英语口语教学应当坚持先听后说原则，即教师首先应注意提升学生听的能力，其次才是说的能力。只有坚持先听后说原则，才能帮助学生掌握正确的发音，为训练学生口语能力打下良好基础。

2. 内外兼顾原则

口语能力的提升需要大量的练习，但口语课堂教学时间有限，学生的口语表达能力不可能在有限的课堂时间内得到快速锻炼和提升，学生还需要充分利用课外时间进行练习。对此，教师在开展大学英语口语教学时，应遵循内外兼顾原则，即将课堂教学与课外活动相结合，全面提高学生的口语能力。在课堂教学练习的基础上，组织学生开展相应的课外活动，可以将课堂上所学习的知识在课外活动中进行充分实践，从而达到复习、巩固知识的目的。此外，学生在课外活动中还可以运用课堂上所学习的理论知识，将知识内容转化为技能。与课堂活动相比而言，课外活动的氛围比较轻松，学生的心情也会十分愉悦，在这种愉快的心情中练习口语将会产生令人意想不到的效果。在课程结束之后，教师为学生安排作业与练习之前，可以将学生分组，让学生以小组为单位来完成作业，共同讨论小组任务可以帮助学生提升自身的口语能力。

3. 科学纠错原则

学生口语能力的锻炼需要学生不断地说，而学生在说的过程中难免会出现各种问题，有些教师不注意纠错的方式，一旦发现学生表达有误就打断学生进行纠错，这样不仅会打断学生的思路，还会挫伤学生的自信心，更会使学生失去说的勇气。对此，教师应遵循科学纠错原则，即对学生表达过程中出现的问题区别对待，根据学生的性格和所处的场合分别进行处理，这样能避免影响学生的积极性，也能使学生认识到自己的错误并加以改正。

（二）大学英语口语教学方法创新

恰当、有效地采用教学方法对提高大学英语口语教学的质量、培养学生的口语能力十分有利。在具体的教学过程中，教师可以采用以下几种方法。

1. 创境教学法

口语学习的目的是进行交际，学生只有在真实的情境中开口说英语，才能使自己的口语能力得到锻炼。对此，教师可以采用创境教学法开展口语教学，即创设真实的情境，让学生在真实的环境下练习口语。具体而言，教师可以通过角色表演和配音两种活动来创设情境，锻炼学生的口语能力。

（1）角色表演

教师可以根据教学内容让学生进行角色表演，将主动权交给学生，让学生自主分工、自行排练，然后进行表演。这种方式深受学生喜爱，不仅能缓解沉闷的教学环境，还能激发学生说的兴趣，让学生在真实的场景中进行社交活动，锻炼口语能力。当学生表演结束后，教师不要急于评价学生，应先给学生一些鼓励，然后再进行点评和总结。

（2）配音

配音是一种有效锻炼学生口语能力的方式，教师可以充分利用配音活动来提升学生的口语水平。具体而言，教师可以选取一部英文电影的片段，先让学生听一遍原声对白，同时向学生讲解其中的一些难点，然后让学生再听两遍原声并记住台词，最后将电影调至无声，让学生进行配音。这种方式可有效激发学生开口说的积极性，而且能让学生在欣赏影片的同时锻炼口语能力。

2. 移动技术教学法

随着科技的发展，移动技术蔓延至人们生活的各个方面，并且为人们提供了生动的、不受时空限制的交流方式。移动技术在教学领域也发挥着重要的作用，很多学者开始将其与口语教学相结合来提高口语教学的效率。移动技术为学生的口语练习提供了全方位的支持，拓宽了学生接触英语的途径，而且实现了课内与课外的连接。

（1）课前自学

在课前，教师会将课本中的内容要点制作成长度适中的视频短片，然后通过不同的方式传递给学生学习。学生获得视频之后，可以根据自己的情况选择恰当的时间进行自主学习。

（2）教师讲解

在学生课前自主学习的基础上，教师会在课堂上重点就一些词汇、句式和语法项目进行讲解。讲解的过程不会像传统课堂那样枯燥，而是结合视频资料解决学生学习中的主要问题，同时为学生作示范，引导学生不断练习。在此过程中，学生也可以进行大量的口语练习，使口语水平得到提升，而且能够加深对学习材料的认知程度。

（3）课堂互动

口语能力的提升需要学生进行互动和交流，因此在教师讲解之后应安排课堂互动活动。互动的形式要灵活多样，可以是师生互动，也可以是学生互动。这样可以创造轻松、愉悦的学习氛围，给学生提供锻炼口语的机会，使学生敢于开口，用英语进行交流。

（4）课后的移动式合作学习

课堂教学时间有限，课堂教学只能引导学生对新知识进行初级的认知与练习。要在真实情境中对语言进行更深层次的运用，则要依靠课后的时间。教师可以以本单元的主要内容与知识点为依据，为学生安排开放式的真实任务，以此来引导学生通过合作的方式进行口语交际，使他们在探索语言运用方式的过程中扩展新知识，并在发现问题、分析问题、解决问题的过程中培养创新思维。

五、大学英语阅读教学创新研究

阅读是一种积极的交际活动，它是读者运用已掌握的语言、背景等各方面的知识对语言材料进行处理，并获得信息的过程。有效开展大学英语阅读教学，对培养学生阅读能力和交际能力具有重要意义。因此，教师应在遵循基本教学原则的基础上采用创新性的教学方法。

（一）大学英语阅读教学的原则

大学英语阅读教学的开展应遵循相应的教学原则。具体而言，应遵循以下几项原则。

1. 循序渐进原则

阅读的过程是一个复杂的认知过程，阅读能力的培养过程是十分复杂的。阅读能力的提高需要学生扩充自己的词汇量、语法知识、句法知识、教学知识等，不是一蹴而就的，这就要求在英语阅读教学中，教师应遵循循序渐进的原则。具体而言，教师需要制定一个合理并且长远的规划，在阅读教材的选择、方法的确定、内容的明确、结果的反馈等层面都要进行规划，帮助学生掌握阅读技巧，提升自身的阅读水平。

2. 层层设问原则

在大学英语阅读教学中，教师时常会提问学生相关问题，以吸引学生的注意力，调动学生的阅读兴趣，但教师在提问时要讲究一定的原则和策略，不能盲目进行。教师在提问时要遵循层层设问原则，即教师在提问题时要注意体现一定的层次性，所提问题应由易到难、由浅入深，使学生在回答简单的问题时获得自信，在回答较难的问题时更愿意开动脑筋、积极思考、挑战自我，从而得到较好的学习效果。

3. 真实性原则

阅读是为交际服务的，而交际具有真实性，所以在大学英语阅读教学中，教师要遵循真实性原则，即确保阅读材料的真实性和阅读目的的真实性。阅读材料的真实性是指教师所选择的阅读材料最好是和学生的日常生活相关的，最好是学生喜闻乐见的材料；阅读目的的真实性是指教师应根据教学目的设计阅读教学活动，选择合适的教学方法，设计有针对性的练习。

（二）大学英语阅读教学方法创新

在遵循一定教学原则的基础上，教师可以采用以下创新型教学方法来培养学生的阅读能力，从而提高大学英语阅读教学质量。

1. 阅读圈教学法

阅读圈是指一种由学生自主阅读、自主讨论与分享的阅读活动。[①] 在阅读圈内，每位学生自愿承担一个角色，负责一项工作，并进行读后反思。阅读圈教学法的目的是鼓励学生去阅读和思考，其活动效果在一定程度上取决于小组成员在前期是否做好了充分的准备工作。采用阅读圈教学法开展阅读教学，对于提升学生的阅读兴趣和教学效果具有重要意义。在大学英语阅读教学中，阅读圈教学法的实施步骤主要包括以下几个。

（1）设计任务

首先，教师以某个教学专题为教学内容，明确教学目标，选定学生在课堂以及课外需要阅读的材料，设计需要学生进行讨论和分析的相应问题，并规划学生完成这些任务的学习模式。

（2）布置任务

其次，教师要给学生布置具体任务。教师可以让学生自由组合成阅读圈，每

① 刘卉．大学英语文化教学中阅读圈教学模式的构建与探索[J]. 教育现代化，2018（45）：236—238.

个圈子6～7人。圈子形成后，教师要让学生清楚地了解详细的学习要求和规则。此外，教师可以鼓励学生在自己的阅读圈内承担一定的角色，阅读圈各成员的角色分配示例如表4-1-1所示。

表4-1-1 阅读圈各成员的角色分配示例

角色	具体任务
讨论组织者	主持整个讨论过程，并准备相关问题供圈内成员讨论
词汇总结者	摘出阅读材料中与教学专题相关的重点词汇和好词好句，引导圈内成员一起学习
总结概括者	对所有阅读材料的教学元素和内容进行总结并与组员分享，总结、评价小组活动的内容和成果
语篇分析者	提炼阅读材料中重要的语篇信息并与圈内成员分享
联想者	将所读阅读材料与教学专题相对应的中国教学的内容建立联系，结合最新的社会教学发展动态进行评价
教学研究者	从阅读材料中找到与自己相同、相近或者不同的教学元素和内容，并引导圈内成员进行比较

（3）准备任务

在布置完任务之后，教师应引导学生进行独立思考，并让学生对需要讨论的问题及自身的思考结果形成文字。此外，由于阅读圈内各成员承担不同角色，教师应鼓励学生完成各自任务，自由表达自己对任务的不同看法。

（4）完成任务

在此阶段，阅读圈内的成员依次汇报、分享自己的阅读成果，对所读内容进行信息加工、思维拓展，确定小组汇报的内容，最终形成汇报材料，在课堂上展示核心成果。这一阶段是学生汇报并自由讨论的阶段，有助于启发学生的多元思维，深化教学内容，因此教师要引起足够重视。教师作为活动的组织者和指导者要把控整个讨论过程，对讨论过程中可能出现的问题进行及时解决。

（5）评价任务

在完成任务之后，需要对任务进行评价，教师可以鼓励各个阅读圈进行自评与互评。在学生互评时，可以根据每个阅读圈展示的阅读成果以及成员讨论表现进行打分。学生互评完成后，教师可以进行总结，对各阅读圈及学生自身的表现进行点评。需要注意的是，教师在点评时要注意尊重学生的不同观点，重点关注学生思想的深度和广度，同时对那些积极参与讨论的学生提出表扬，以此带动全班同学积极参加此类活动。

2. 教学导入法

在阅读教学中导入相应的教学知识，能切实提高学生的阅读水平，而且能培养学生的教学素养。导入教学知识的方式具体有以下两种。

（1）介绍教学差异，激发学生阅读兴趣

对于学习而言兴趣至关重要，它是激发学生积极学习的内在动力。因此，在大学英语阅读教学中，教师可采用适当的方法来激发学生的阅读兴趣，调动学生的积极性，使学生获得教学知识，提高阅读水平。其中，在阅读教学中进行英汉教学差异的介绍和分析就是一种调动和培养学生学习兴趣的有效方法。向学生渗透英语教学知识，并比较英汉教学之间的差异可以激发学生的学习兴趣，并且可以丰富学生的教学知识，拓宽学生的视野，巩固学生的阅读能力。

（2）培养学生的教学意识

部分学生认为，自己已经具备了一定的词汇和语法知识，也掌握了一定的阅读技巧，阅读和理解某些材料不成问题，但他们在阅读某些材料时依然十分吃力。对此，教师应在课堂教学中有意识地培养学生的教学意识。此外，鉴于课堂时间有限，教师可以充分利用课外时间，向学生推荐一些英语文学作品让学生在课下阅读。通过阅读英语文学作品，学生能切实感受西方文学的教学特点，从中掌握词汇、学习语法、积累大量素材，养成良好的阅读习惯。

六、大学英语写作教学创新研究

写作是英语学习的一项重要技能，它是人们交际的重要方式，是一种跨文化交际活动，更是大学英语教学的重要内容。以下就大学英语写作教学的创新进行研究。

（一）大学英语写作教学的原则

1. 以学生为主体原则

在大学英语写作教学中，教师应遵循以学生为主体原则，即明确学生的主体地位，尊重学生的主体性，围绕学生展开教学。只有激发学生的兴趣，提高学生的主动性，才能使学生成为学习的主体。总体而言，就是让学生积极参与教学活动，发挥学习的自主性，使学生积极、自主进行学习，提高学生的写作能力。

2. 循序渐进原则

任何一件事情的顺利完成都是需要花费时间的，都是一个循序渐进的过程，大学英语写作教学也不例外。在大学英语写作教学中，循序渐进原则主要涉及以下几个方面。

（1）语言层面：由低到高

在语言层面，教师可以先让学生进行句子写作方面的练习，然后逐步过渡到段落与篇章的写作。由于课堂教学时间有限，教师可以将句子的写作训练穿插在其他技能课程中，如精读课和听说课。此外，教师可以组织各种训练活动，如连词组句、补全句子、合并句子、扩充句子等，当学生对句子写作逐步熟练后，教师就可以增加难度，过渡到篇章写作。

（2）语法结构层面：由易到难

在写作过程中，很多学生都因语法欠佳而无法使用复杂的表达，这样会影响写作效果，写作质量也不会太高。因此，学生应重视语法学习，掌握基础的语法结构，在此基础上掌握更为复杂的语法结构。具体而言，在写作学习中，学生要先掌握简单句，然后掌握复杂句和并列句；先掌握短句，然后掌握长句；先掌握陈述句，然后掌握虚拟句和感叹句。[①] 对教师来说，要坚持循序渐进原则，在语法结构上由易到难帮助学生巩固基础，进而攻克薄弱环节。

（3）话题层面：由熟到生

学生对于自己熟悉的话题往往更有写作兴趣，写起来也相对容易。因此，教师在写作训练中，可以先从学生熟悉且感兴趣的话题开始，等学生掌握一定的写作技巧后，再让学生就一些社会热点问题等表达自己的观点，锻炼学生的写作能力。

（4）体裁层面：由简到繁

对学生来说，不同文体难易程度各不相同。一般来说，记叙文的写作难度较低，其次是描写文，然后是说明文，议论文的写作难度最大。因此，在写作体裁方面，学生应从记叙文的写作训练开始，逐步向其他文体过渡。

3. 交际性原则

写作是一种重要的交际方式，其最终目的也是交际，因此大学英语写作教学应遵循交际性原则。具体而言，遵循交际性原则要求教师做到以下几点。首先，教学活动要满足学生的即时需求，提高学生的交际能力。其次，写作教学活动要为学生提供写作交际的机会，使学生从中获得乐趣。最后，在活动中采用小组或同伴活动加强学生之间的交流，让学生通过交流获得素材，从而为文章增添内容，培养学生的思维。

① 黄元龙. 浅议高职英语写作教学的循序渐进原则[J]. 开封教育学院学报，2017（2）：152—153.

（二）大学英语写作教学方法创新

1. 对比教学法

英汉语言与教学在很多方面都存在差异，这些差异影响了学生的写作。学生要想写出用词地道、语句流畅、逻辑连贯的文章，要先熟悉与掌握英汉语言与教学之间的差异，对此教师就要引导学生深入了解这些差异，进行对比教学。

（1）语句层面的对比

在教学过程中，教师应指出学生写作中不符合英语表达习惯的语句，并与正确的英语表达方式加以对比，使学生更清楚地看到差别，并在不断的修改中逐渐学会更好地进行思考与表达。

（2）语篇层面的对比

语篇是语言的使用，是更为广泛的社会实践。教师应引导学生了解并思考英语文章是如何发展主题、组织段落、实现连贯的，以此来帮助学生对英语的语篇结构有一个立体的、综合的认识。

2. 综合教学法

综合教学法是指将听、说、读、写几项基本英语技能相结合，使之相互产生作用，提升学生的写作能力，培养学生的英语综合能力。

（1）听写结合

听是语言输入性技能，可以为写作积累丰富的素材，加快写作的输出。教师可以采用边听边写和听后笔述或复述的方式开展教学。

边听边写可以是教师朗读、学生记录，也可以是教师播放录音、学生记录。听写的内容可以是课文内容，也可以是其他故事或内容。

听后笔述或复述是指教师以较慢的语速朗读或者播放录音材料，一般朗读或播放两至三遍，在这一过程中学生只听不写，在朗读或播放录音完毕后，教师要求学生凭借记忆进行笔述或复述。在笔述或复述时，学生不必拘泥于原文的词句，也不用全部写出或背诵，只要总结出大意即可。这种方式能有效锻炼学生的语言组织和概括能力。

（2）说写结合

说与写密切相关，说是写的基础，说与写相互贯通。以说带写可以有效激发学生的写作兴趣，提高学生的写作能力，还能锻炼学生的口语表达能力。具体而言，教师可以采用对话和课堂讨论的方式开展教学。

(3) 读写结合

读与写的关系十分密切，通过阅读可以获取大量写作所需的素材，通过写作可以进一步提高阅读能力。写作作为一种输出活动，离不开语言知识的输入，如果没有语言知识的积累，就不可能写出内容充实的文章。阅读作为积累语言知识的重要途径，能为写作奠定良好的基础。但学生的阅读需要教师的指导，因为很多学生都将理解文章内容作为阅读目的，而很少从中吸取好的写作素材。对此，教师应指导学生学会遣词造句的技巧，并培养学生形成记笔记的良好习惯，从而使学生积累大量有利于写作的语言知识。

总体而言，在大学英语教学中，要重视英语基础知识和技能的教学，并不断进行创新，从而提高教学质量，培养学生英语综合运用能力。

第二节　大学英语教材与师资队伍的创新

一、大学英语纸质教材的编写

大学英语纸质教材的编写往往会受多种因素的制约，要想保证大学英语教材与课程需要相符，在编写中需要遵循如下几点原则。

（一）思想性

所谓思想性，即要求大学英语纸质教材的编写要符合教学思想，不仅要将知识体系与能力体系囊括进去，还需要将思想体系纳入其中。

语言是思想教育的载体与媒介，当然这也符合英语这门课程。这就要求大学英语纸质教材的编写要体现思想性，通过大学英语纸质教材，这种思想性能够变得更加充实、生动。一般来说，思想教育是大学英语教学中的德育，这种德育需要大学英语知识教学与技能教学的帮助。因此，必须处理好它们之间的关系。

（二）灵活性

大学英语纸质教材在编写过程中需要保持灵活性，即教学内容的灵活与教学方法的灵活。

从教学内容上说，大学英语纸质教材在编写中要给教师留有余地，允许教师根据课程需要改进内容，这样有助于教师进行取舍。

从教学方法上说，大学英语纸质教材在编写中应该给教师提供多种方法，教师可以自主选择与进行取舍，不应该只为教师准备一两种方法，这样较难满足不同教师的需求。

（三）科学性

大学英语纸质教材在编写过程中要遵循科学性，即要符合如下几点要求。

第一，在内容上要做到循序渐进，符合教学大纲的要求。

第二，教材要与不同阶段学生的需求相符。

第三，纸质教材的内容、目标等要形成一套系统，体现教学大纲的要求。

（四）教学性

语言与教学密切相关，因此大学英语纸质教材的编写离不开教学内容。也就是说，在大学英语纸质教材中，不仅要关注语言知识与技能，还需要关注语言背后的教学，从而不断拓宽学生的视野，加强学生对不同教学的理解。

二、大学英语电子教材的设计

除了传统的纸质教材，随着科技的发展，电子教材也进入了人们的视野。具体来说，在设计大学英语电子教材时，需要遵循如下几点原则。

（一）模态协作化

由于电子教材的设计包含多模态形式，因此大学英语电子教材的开发需要考虑这一原则。具体来说，要注意现有的设备条件是否符合多模态形式；使用多模态形式能否产生正面效应，并且关注效应的大小；所使用的多模态形式是否能够强化与互补。

（二）个性化

大学英语电子教材的开发需要遵循个性化原则，即以学生的学习内容与特点为基础来组织教材，避免出现“一刀切”的情况。

（三）模块化

这里的模块化是指以阶段性目标为核心，根据此目标为学生提供相应的教材，并在此基础上设计完成目标的方法和措施，指导学生按步骤学习，从而达到实现目标的目的。

三、大学英语语料库的构建

（一）语料库的定义

对于语料库的研究，从很早就开始了，但是对于其定义目前还不明确。下面主要用一些有代表性的观点来论述。

1. 国外学者的观点

克里斯特尔（Crystal）认为，语料库是对语言材料展开的收集，这些材料的来源不仅可以体现为书面语篇，还可以体现为话语的记录脚本。克里斯特尔还指出，语料库可以被用于对语言加以描述的起点，还可以用于对相关语言假设方法的验证。①

语料库是按照明确的语言学标准，对语言运用材料进行选择与排序。语料库主要用于充当语言的样本。

语料库是一个基于大量真实情况建构的语言信息集合，其主要用于对语言进行研究。

2. 国内学者与权威出版作品的观点

部分学者认为语料库是根据语言学规则，运用随机抽样的手段，对一些连续的、自然的语言语用文本或者话语片段进行收集，从而建构一个大容量的电子文库。

彭勤认为，语料库是采用数据库技术，将大量的书面或口头交际的语言材料进行文本储存，并运用计算机对这些语料进行处理与检索，从而建构出一个巨型的语料库。②除了国内学者，一些国外的权威出版作品也对语料库进行了界定。

《语言与语音学词典》对语料库有专门的定义，即语料库是对语言资料进行收集，通过对带有语言学信息标注的语言资料进行加工，其可以用作对语言加以描述的起点，还可以用于对语言假设的方式进行验证，这一点与克里斯特尔的观点一致。

（二）语料库的类型

语料库可以从不同的角度来划分，具体如表 4-2-1 所示。

---

① 克里斯特尔．语言学和语音学基础词典[M]．方立，译．北京：北京语言学院出版社，1992.

② 彭勤.语料库概述及在英语教学中的应用[J]．科技信息，2010（16）：123.

表 4-2-1 语料库的基本划分

	角度	分类
语料库	应用角度	通用语料库
		专用语料库
	信道角度	比喻语料库
		口语语料库
	语言属性角度	单语语料库
		双语语料库
		多语语料库
	时间角度	共时语料库
		历时语料库
	言变车用品	本族语者语料库
		库译语语料库
		学习者语料库
	语料状态	静态语料库
		动态语料库

下面就针对一些有代表的语料库展开分析和探讨。

1．通用语料库与专用语料库

通用语料库一般范围较大，可以包含数亿单词，这一类型语料库的建构主要是某一种语言常见的口语形式、笔语形式的搜集，在取样的过程中会将口语、笔语的地域变体、社会变体等考虑进去，从而将语言使用的各种场合的平衡关系进行有效掌握，以求得更全面的语言面貌。

当前，英国国家语料库、美国国家语料库等是最具代表性的通用语料库。该类语料库可以对语言全貌进行描述，对工具书进行编制、对语言用法进行审核等，是最为理想的语料库。同时，运用通用语料库，人们还可以发现某些专门语料库所具有的语言特征。总而言之，通用语料库是非常庞大的，其中涉及多种类型的文本，人们也可以对其进行分解，获得多个专用语料库，如可以从英国国家语料库中将所有与新闻语言相关的文本抽取出来，这样就形成了一个专用语料库，即新闻英语语料库。

专用语料库又可以称为专题语料库，即人们基于某一目的，对某一特定领域中的相关语料文本进行搜集，建构一个专门的语料库。在实际研究中，专用语料库往往会与通用语料库对比，从而获得特定领域的语言特征。另外，人们也可以应用这一类型的语料库对某一领域的工具书进行编制。

2. 共时语料库与历时语料库

共时语料库，即这些语料是某一时代运用的语言样本的集合，将不同时代运用的语言样本进行搜集，建构成多个共时语料库，就能够构成一个历时语料库。

历时语料库，即这些语料是不同时代运用的语言样本的集合。当人们在对语言变化进行观察与研究时，选择这一语料库是最为方便的。当然，分解历时语料库会得到多个共时语料库。

3. 口语语料库与笔语语料库

口语语料库，即这些语料是由语音文件或者口头转述获得的。由于口语的取样与转述具有较大的难度，因此其容量很难与笔语语料库相比较。一般来说，人们运用该语料库对口语进行研究，为了研究便利，人们往往会将语音语调、停顿等现象标注出来，从而挖掘出口语的语言特征。

笔语语料库，即从书籍、报刊等书面语进行取材而获得的语料。相较于口语语料库，其获取的难度较小，因此其规模要比口语语料库更为庞大。

4. 本族语者语料库与学习者语料库

本族语者语料库，即该语料主要来自本族语者，所研究的是他们的语言演变情况。当人们在对本族语者的语言运用特点进行分析时，往往会使用这一语料库来作为参照。

学习者语料库，即该语料主要来自非本族语学习者，所研究的是他们语言使用的情况。

5. 单语语料库、双语语料库与多语语料库

单语语料库，即该语料主要源自同一种语言，如来自英语的就称为英语语料库，来自汉语的就称为汉语语料库。

双语语料库，即该语料是由两种语言构成，两种语言处于对应的关系。简单来说，双语语料库的语料一种是语言，另外一种是语言的译文。在对这一语料库进行建构的过程中，往往会实施对齐的行为，即对句子或意义进行对齐。双语语料库对翻译研究具有重要意义。

多语语料库，即该语料库来自多种语言。例如，欧洲议会平行语料库这一多语语料库就收集了很多种语言，并将多种语言作了对齐处理。

（三）语料库的特点

1．代表性

在对语料库进行研究和探讨时，不可避免地会涉及语料库样本的有限性问题，因此在选材时也需要选择有代表性的语料库。也就是说，要基于语料样本的有限性，尽可能地寻找能够反映无限真实语言现象的语料。具体而言，语料库的代表性表现为如下几个层面。

其一，保证语料样本源自符合语言文字规范的真实材料。

其二，保证语料样本源自正在使用状态下的材料，这种正在使用的材料可能是各种环境下的，也可能是不规范的语言运用情况中的。

其三，保证语料样本的时代性特点，这不仅能够将语言的发展变化体现出来，还能够将语言的规律体现出来。

总之，对那些具有代表性的语料库进行处理，不仅能让计算机对那些规范的语言加以理解与处理，了解这些语言的应用规律，还能让计算机对那些不规范的语言加以理解与处理。

2．可机读性

当前的语料库必须以电子文本的形式存在，并且能够被计算机程序检索与处理，这样才能对语言学进行时代性研究。简单来说，就是要求语料库具有可机读性。

可机读的语料库一般具备以下两大特色。

其一，可机读的语料库更加便于检索，即使是上亿万字的材料，也可以在数秒中完成。

其二，可机读的语料库更加便于添加新语言信息，因为语料库往往处在不断的动态更新与变化中。

3．真实性

语料库中的语言材料往往都是人们实际运用的材料，因此语料库具有真实性，这一特点也恰好体现了语料库语言学研究的真实性。同时，这一特点还对语言教学产生了巨大影响。

根据克拉申的可理解性输入假设和斯温纳的可理解性输出假设，二语学习者为了能够内化知识，实现知识的可理解产出，往往需要与大量的真实语料进行接触，甚至需要置身于目标语环境中，但是在目标语环境中学习对于二语学习者来说较为困难，因此需要通过语料库让他们广泛地接触目标语。

需要指出的是，这种可理解性输入往往具有选择性，这就要求教师充分利用其中具有代表性的语料，并结合自身教学的实际情况实现知识深化，力求获得最优化的输入。

4. 结构性

语料库的收集并不是任意的，而是有目的、有针对性的，这就要求语料库具备特定的结构。随着计算机技术的普及与发展，语料库需要以电子文本的形式呈现，需要具有结构性。语料库的结构设计应该能够明确语料库子库的构成，并定义语料记录的代码、取值范畴、元数据项等。

5. 规模性

大规模的语料库对于语言研究意义非凡，但是随着语料库规模的扩大，一些错误的语料难免会融入进去，这就会导致统计出错。同时，当语料库达到一定的规模后，其功能也会逐渐增加。这时候，研究者需要根据实际需要对语料库的规模进行测定，要测定其是否与现实需要相符合。

四、大学英语教材的多维度开发

大学英语教材的多维度开发需要考虑两个问题：一是开发的主体，二是开发哪些维度。这两个问题也是大学英语教材多维度开发的要素。下面做具体研究。

（一）开发主体

在整个课程教学活动中，教师居于主导地位，对整个教学活动有着重要意义。当然，他们也是教材多维度开发的主体。

虽然大学英语教师在展开授课之前都已配备相应的教材，但是这些教材内容繁多、零散，对于大学英语教师而言，他们不仅需要将教学内容加工成与学生密切相关且操作性极强的任务，还需要激发、组织学生积极参与到具体的课堂教学实践中，引导学生完成学习任务。作为课程的实施者，大学英语教师需要不断适应既定课程，了解与挖掘课程设计者的主旨与意图，从而针对现有学生的水平与接受能力，设计恰当的课程，提升自身的教学实践能力。

（二）开发维度

一般来说，大学英语教师在实际的教学中可以对语言、内容与语境、教学过程、课程管理等层面进行加工与改编。笔者认为，教材的多维度开发也可以参考这些层面，具体总结为如下几个维度。

1. 语言维度

语言是一切教材内容的载体，其涉及的领域非常广泛，大体可以分为两种：语言内容与语言技能，前者包含语音、词汇、语法、话语、语体，后者包含听、说、读、写，译等，这些内容呈现于教材的各个部分，并渗透于各种解释、课文、练习中。因此，就语言维度来说，大学英语教材的多维度开发大体需要考虑如下几个问题。

第一，教材是否符合学生的学习需求。

第二，教材是否包含语音训练，如连读、重音等训练。

第三，教材中是否保证了恰当的词汇数量，并且难度是否得当。

第四，教材中词汇的呈现是结构化的呈现，还是任意形式的呈现。

第五，教材中包含了哪些语法项目，是否设计了专门的语法练习。

第六，教材中是否充分覆盖了听、说、读、写、译这些项目，是否考虑了这些项目的融合。

2. 内容维度

就内容维度而言，大学英语教材的多维度开发需要考虑其中是否包含情感、教学层面的内容。语言与情境有着密切的关系，语言不能脱离语境而独立存在。如果教材开发者仅仅将语言视作抽象系统，那么这样的教材是很难提升学生在具体语境中的语言能力的。这就要求教材中必须呈现真实的语言运用内容，并融入一定社会教学主题，这样才能真正提升学生的语言运用能力。

3. 结构维度

语言内容是根据一定的结构进行排列的，但是不管选择何种内容、用何种形式进行排列，都需要考虑学生学习的目的。虽然教材的结构体系可能有所不同，但是其与情境、功能等是紧密结合的。也就是说，大学英语教师需要从学生的接受水平、认知能力考虑，选择合适的内容组织排列教材，在具体的实践中还要不断调整教材的顺序与进度，以满足学生的实际需要。

4. 能力维度

在交际中，知识与能力有着密切的关系，但是两者的获取途径存在明显差异。知识往往通过呈现、发现等手段获得，即使学生当时学会了，以后也可能会忘记；能力通过具体联系获得，学生一旦掌握了就很难忘记。

在大学英语教材的多维度开发中，教师除了设计学生需要的语言知识、社会教学知识外，还需要设计相应的语言技能。这是因为，语言技能是学生学习的最终目的。具体来说，大学英语教师应该在教材中呈现听、说、读、写、译这五项技能，并保证听力材料、口语材料的真实性与恰当性，阅读材料的纯正性与充足性，写作材料、翻译材料的适切性等。

五、准确定位大学英语教师的角色

说到角色，人们会觉得其与身份、地位有关，认为角色是对人们身份、地位的诠释。在当今社会，教师扮演着十分重要的角色，他们以各种方式调动与引导学生参与活动，并引导学生在自己设定的环境中展开探索。本节首先研究大学英语教师的传统角色，进而探究大学英语教师角色的转型。

（一）大学英语教师的传统角色

在传统的大学英语课程教学中，教师扮演了两种重要的角色：一是知识的复制者；二是知识的传授者。

1. 知识的复制者

在传统的大学英语课程教学中，教师的工作就是将知识传授给学生，在传统的大学英语教师看来，书本知识就是金科玉律，因此教师往往将书本知识视作教授学生的来源，并且根据书本来设计教案。对教师教学评价的标准主要看教师能否将书本知识传达准确、到位。显然，基于这样的观念，大多数教师从书本内容出发展开教学，教师自然地成了英语课本的复制者。

在传统的大学英语课程教学中，学校往往为教师配备了一整套教材、教参等，并且为教师设计了教材中要求的每一堂课的活动，甚至对教师说的话都进行了明确的规定。

但在新环境下，教学过程是师生互动的过程。就建构主义学派的观点来说，这一过程是师生对客观事物的意义加以建构的过程，并且是合作性的建构，并不是单纯对客观知识的传递。

在大学英语课程教学中，教材、教参等是重要的资源，师生需要对这些资源进行开发，尤其对教师而言，他们需要对这些资源进行整合，之后通过与学生的互动，将固有内容转化成丰富的、可供学生理解与接受的知识。之所以将静态的教材知识转换成动态的资源，将枯燥的课堂转变成生动的课堂，最终目的都在于帮助学生获得知识。就这一角度而言，学生固然是知识的建构者与参与者，而教师更应该将自己置身于开放的环境中，成为资源的积极建构者。也就是说，教师的角色应该发生改变。

2. 知识的传授者

传统的教育观依然存在于一些教师的心中，这与现代信息环境有较大差距。在信息技术环境下，一些教师的理念中仍旧存在“教书匠”的意识，他们侧重以书本为主，采用灌输式的手段进行教学。这种对知识过于重视而忽视具体能力的教学方法，会造成教学过程的重复、单一，也会制约教师的创新意识与研究精神。

在新形势下，信息技术迅猛发展，教师在技术、知识上所具备的权威性受到一定的挑战。在新环境下，大学英语教师对于知识传授者的角色是否有新的理解，是否需要对教师新的角色进行重新定位，教师对自身的教学手段、角色观念是否感到不适，教师如何转变并适应这一环境。这些问题都说明，教师作为知识传授者的角色应该改变。

（二）大学英语教师的新角色

传统的大学英语教师所扮演的角色已经较难适应当今社会的需要。在这个多元化的社会中，教育具有多样性，需要适应不同人的需求。教师需要充当教学传承者、执行者的角色展现在人们的面前，通过间接的形式逐渐实现教学传递。只有具有多元教学观的教师，才能与多元教学社会相适应。也就是说，教师不再是知识的复制者与传授者这些简单的角色，而是被赋予了新的多样角色。下面具体研究大学英语教师角色的转变。

1. 知识与技能引导者

（1）语言知识的诠释者

大学英语教师是英语语言知识的诠释者，他们必须具有渊博的知识。简单来说，大学英语教师需要对英语专业知识有系统的、全面的把握，并能够从这些知识中分析出语言现象。一般来说，英语教师需要掌握的专业知识包括理论知识、语境知识、实践知识等，囊括了语音、词汇、语法、语篇、教学等知识，大学英语教师只有掌握了这些知识，才能解决学生学习中遇到的实际问题，帮助学生提升学习效果，实现更好的语言输出。

（2）语言技能的传授者

除了英语知识，大学英语教师还需要掌握语言技能，并且将这些技能传授给学生。在学生学习语言的过程中，掌握语言知识是基本条件，最终目的是提升自身的语言技能。一般来说，语言技能包括听、说、读、写、译五项。就语言的发展规律而言，听说居于重要地位，读、写、译其次，但就英语教育的角度而言，读、写、译居于重要地位，听、说其次，这就说明大学英语课程教学的目标是让学生具备一定的读、写、译能力，而听、说能力是实现读、写、译能力的前提与基础。大学英语教师要想提高教学质量，熟练地教授英语这门课程，就必须掌握这五项技能，并且保证五项技能的有机结合，从而提升学生的语言综合技能。

（3）课堂活动的组织者

无论是大学英语课程教学还是其他教学，课堂活动都是必不可少的一部分。在大学英语课程教学中，课堂教学是其重要的载体与媒介。大学英语教师要想提升自身的教学质量，要设计出合理的课堂活动，如辩论、对话、表演等，这些都是能够让学生参与进来的活动，能让学生得到真实的语言训练机会，提升自身的语言表达能力。在这之中，学生也会不断加深对英语语言知识与技能的理解，巩固自身的知识体系。

（4）教学方法的探求者

大学英语教师在大学英语课程教学中不能仅使用一种教学方法，应该承担教学方法开发者与设计者的角色，创新教学方法，使教学课堂更多样、有趣。与其他学科相比，大学英语课程教学具有极强的实践性，因此其与教学方法的关系更为密切，教师对语言知识的分析、学生语言技能的掌握、课堂活动的组织等都需要考虑相应的教学方法。

很多学者对英语课程教学进行了深入的研究，探索出了很多教学方法，如语法翻译法、交际法等，大学英语教师需要考虑教学的实际情况以及学生的实际水平，选择适合自己的教学方法组织教学，有时候还需要多种方法并用，从而达到最佳的教学效果。

2. 多元教学驾驭者

（1）多元教学的掌控者

在多元教学背景下，大学英语教师的多元教学驾驭能力对大学英语课程教学有直接影响，同时对学生的学习也产生直接影响。多元教学背景下的大学英语教师应该具备多元教学教育观。

在大学英语课程教学中，大学英语教师要明确多元教学教育观。正如班克斯（Banks）所说，教师应该对教材进行谨慎的选择；选择一些视听材料、课外书籍对教材加以补充；选择在观点上保持一致的教材，避免使用本身存在认知问题的教材。

另外，很多大学生来自不同的地区，拥有不同的教学背景，使用的语言也不同，因此教师需要考虑不同学生的特点，能够用相应的语言进行转换，这样才能实现师生之间的有效交流。

（2）多元教学环境的创设者

学校的教学环境会对学生的学习产生影响。作为一种社会化机构，学校教育的目标、功能、管理等都属于主流教学，如果教师不知道如何对学校的教学环境进行塑造，就较难在家庭、社区、学校之间建构平衡，较难让学生适应。因此，教师要努力创建多元教学环境。具体来说，可以从如下几点着手。

首先，师生之间要建构信任关系。师生间的信任关系对学生的学习会产生重要影响，教学差异的存在、教师的偏见容易造成师生之间产生隔阂与误解。

其次，教师要努力建构积极的家庭式氛围。教师要为学生提供尊重与关怀的环境，让学生感受到家庭式教学氛围。教师要对学生的教学背景有充分的了解，并将这些相关信息自然地融入教学中。

最后，教师只有充当一名多元教学环境的创设者，才能对学生所处的教学环境有清楚的了解，对学生的学习价值观有清楚的把握。同时，教师只有从多种角度对教学加以理解，才能为每一位学生创造合适的教学环境与内容。

（3）中西教学差异的解释者

在多元教学背景下，大学英语教师充当了中西教学差异的解释者的角色。由于中西方教学背景不同，两者在价值观、思维模式上存在明显差异，而这些差异逐渐成为学生跨文化交际的障碍。

就社会教学角度而言，语言属于一种应用系统，具有独特的规范，是教学要素中的重要组成部分。因此，在大学英语课程教学中，大学英语教师除了要教授英语知识与技能，还需要教授教学背景知识，实现英语知识、英语技能、教学背景知识三者的融合与补充。

就语言教学知识的内容而言，教师除了要教授本土教学知识外，还需要讲授西方教学背景知识。中西方语言教学的差异主要体现在风俗习惯、思维模式、价值观念等层面，而这些差异在语言上有明显的体现，因此大学英语教师应该充当中西教学差异的解释者这一角色，将中西方语言的差异解释给学生，让学生在了解这些差异的基础上掌握好英语语言。

需要指出的是，教师在充当中西教学差异的解释者这一角色的时候，对中西教学差异要保持中立态度。教学没有优劣之分，因此大学英语教师在选取素材时，要避免引导学生对某些教学材料产生偏见，从而使学生对不同的教学有清楚的认识。

（4）本土教学知识的传授者

前面提到大学英语教师应该对西方教学背景知识有清楚的了解，除此之外，教师还应该对本土教学有清楚的了解与认知，需要成为本土教学的专家，挖掘本土教学所蕴含的特色与思维方式。大学英语教师既是知识的引导者，也是教学的传承者，他们应该将本土教学知识融入自己的课堂教学中，与学生展开平等的交流，从而为大学英语课堂教学提供更为广阔的空间，同时建构和谐的师生关系。

教师对本土教学知识有更敏锐的直觉，对本土教学知识的价值更注重保护，并且懂得如何对学校所处社区的本土教学知识进行挖掘。在大学英语课程教学过程中，大学英语教师应该对学生在社会中获取的本土知识予以尊重。教师可以引导学生对本土教学知识与书本知识进行比较，培养学生将本土教学知识与书本知识紧密融合的能力，从而完善自身的知识体系。

3. 网络技术应用者

（1）语言单元任务的设计者

要想实现单元任务目标，就必然需要对单元任务进行设计，这是大学英语教师的一项重要任务。学生通过教师设计的真实的任务，可以拓宽自己的语言知识面，还能够提升自身解决具体问题的能力。因此，在英语学习中，语言单元任务的设计非常重要，这要求教师在网上设计相应的单元任务，让学生在规定的时间内完成，最后提交任务完成的结果。通过这种方式，学生更愿意参与到任务中。

另外，通过网络，学生可以根据自身的实际情况选择教师设计的任务，遇到问题时也可以与教师或其他同学进行网络交流，最后提交自己的作品。显然，这种方式不仅锻炼了学生的英语语言水平，还有助于提升学生的学习兴趣和积极性，加强学生之间的交往与合作。

（2）有效主题教学模式的设计者

在新形势下，大学英语课程教学要求教师不断探寻新的教学模式与方法。具体来说，大学英语教师不仅需要发挥网络的优势，还需要提升学生学习的效率。对此，大学英语教师在设计主题教学模式时，应该选择学生感兴趣的主题，并且整个教学模式都围绕这一主题开展，以小组合作、讨论的形式完成任务，最后提交任务完成结果。

当然，处于网络环境下，大学英语教师设计的每一个主题应该能让学生在网络中找到丰富的资料、包含这一主题的教学背景与发展动态，然后由学生进行总结与归纳，引发学生在网上进行讨论，这样的设计模式实际上帮助学生摆脱了课本的限制。

另外，在设计有效主题教学模式时，大学英语教师要尽量链接一些有效网址，帮助学生接触更多的国内外教学知识。大学英语教师还可以下载一些前沿性的资料来吸引学生，激发他们的求知欲。

（3）学生网络学习的帮助者

在大学英语课程教学中，网络能够起到监控的作用。通过网络监控，大学英语教师可以对学生的学习过程有所了解与把握，从而帮助学生满足自己的学习需要。大学英语教师是学生网络学习的帮助者，教师通过查看学生浏览网页的情况，了解学生是否参与其中，从而了解学生在学习中遇到的困难，帮助学生解决实际问题。

另外，不同学生遇到的困难不同，因此大学英语教师应该给予分别指导，促进不同学生各自进步。显然，大学英语教师对学生网络学习的帮助发挥着重要作用，帮助不同的学生解决不同的问题，真正帮助他们实现自主学习。

（4）在线学习系统的建立者和学生学习过程的调控者

网络为学生的英语学习提供了便利，而教师在这之中发挥了调控学生学习、提供个别指导的作用，为此需要建构一个完善的在线学习系统。在这一系统中，有教师与学生两个端口。学生通过填写自己的信息，向教师端提出申请，教师负责审核，让学生加入这一系统之中。

根据在线学习系统的导航提示，学生可以获取自身所需的资料，也可以下载下来。例如，某一在线学习系统包含单元考试与家庭作业两个项目，在单元考试中学生可以进行训练与考试，在家庭作业中学生可以提交自己的作业。之后，学生可以通过论坛等方式与教师进行交流，实现网上互动。

六、把握大学英语教师的素质要求

根据林崇德先生提出的教师素质观，从当前大学英语教师的基本情况考量，大学英语教师的素质涉及如下几个层面。

（一）职业理想

教师的职业理想是教师从事教学工作的兴趣与动机的体现，是其献身于教学工作的原动力。在大学英语教学中，教师的职业理想表现为积极性、事业心、责任感，大学英语教师具备的崇高的职业理想是他们开展大学英语教学活动的有利层面。

（二）教育观念

教师的教育观念是他们在教学活动中形成的对教育现象的主体性认知，是从自身的心理层面进行的认知。一般来说，教育观念包含知识观、教育观、学习观、学生观等。

（三）监控能力

教师的监控能力指的是他们为了保证教学能够顺利实现预期目标，在教学过程中对教学进行主动计划、检查与反馈等。具体来说，监控能力包括对课前教学的设计、对课堂活动进行管理与指导、对课堂信息进行反馈。事实上，监控能力是教师对其认知的调节与控制，是教师对其思维反思的体现。

（四）教学策略与行为

教师的教学策略与行为是教师为了实现教学目标，从学生的特点出发，采用各种教学手段展开因材施教。在大学英语教学中，教师的教学策略与行为是教师根据不同学生的学习风格与水平差异，创造符合学生风格的课件，采用网络多媒体技术将自身的教育思想与学生容易接受的方式进行融合。

七、大学英语教师专业素质的提升路径

在新形势下，大学英语教师的专业发展存在专业意识欠缺、专业能力薄弱等问题。对此，教师培育自身的专业意识、丰富自身的专业能力，勇于反思，成为适应当前社会需要的高素质教师。具体来说，主要应从以下几个方面着手。

（一）提高专业意识

当前部分青年教师由于教学时间短、缺乏教学经验，没有太多参与课题研究的机会，因此经过一段时间的教学工作后，可能会产生厌烦情绪，这都是自我专业发展意识薄弱的表现。因此，在当前的跨学科教学背景下，大学英语教师应该不断提升自身的专业发展意识，具体可以从如下两点着手。

1. 理想意识

教师的理想意识对教师的专业发展起着十分重要的作用，它为教师指明了前进的方向。大学英语教师的理想意识主要指他们对工作的热情。只有具备了工作热情，他们才能富有积极性，才能具有专业认同感，愿意在自己的工作中付出努力。

2. 科研意识

记录专业中的关键事件，并对未来的发展规划做出适当的调整，这样教师在专业化发展的过程中会有所收获。教师是否具有科研意识，决定了教师能否尽自己所能投入科研活动中。也就是说，教师要想从事科研工作，就必须具备科研意识，要在思想上对科研有所重视，在理论上不断加强学习，获得理论指导，还要不断提升自身的问题意识与思考意识等，这样才能真正投入科研工作中，并为大学英语教学研究贡献一份自己的力量。

（二）提升专业能力

教师要想在跨学科教学背景下提升自身的跨学科教学意识，首先需要提升自身的专业能力。具体来说，可以从如下几点着手。

1. 实行专业引领

当前，我国的大学英语教学在不断革新，先进的理念需要由骨干研究者引领，才能促进自身的专业发展。[①] 一般来说，教学专家、资深教师等都可以起到专业引领的作用。普通大学英语教师要向他们学习，学习先进的思想与经验，从而推动自身的专业化发展。一般来说，专业引领具有如下要求。

第一，要发挥专家与普通大学英语教师之间的能动性与积极性。不同的引领人员所侧重的层面不同。专家对教学理论非常注重，因此在其引领上更注重理论与实践的结合；骨干教师注重教学实践，因此在其引领上更注重具体操作。无论是哪一种引领，都需要较高的引领能力，要既能够在理论上进行指导，还能够在具体操作中提供建议。对于普通大学英语教师而言，应该顺应专家与骨干教师的引领，认真听取他们给予的建议，并择优采纳，从而分析与总结自身的教学问题，对自己的教学活动进行反思，提升自身的专业素质。

第二，大学英语教师的专业引领要保证内容、目标等的正确，采用的方法要恰当。大学英语教师专业引领的总目标在于让他们能够对新知识、新信息予以把握，并且能够在把握这些新知识、新信息的基础上提升自身的专业素质。不同的大学英语教师存在个体的差异，因此在专业发展水平上也不同，在进行专业引领时，需要考虑不同教师的具体情况，对不同的教师采用与他们相符的方法，从而实现专业引领的合理性与有效性。

---

① 孟丽华，武书敬. 网络环境下大学英语教师专业素质发展研究[M]. 北京：外语教学与研究出版社，2015.

从上述分析可知，专业引领对于大学英语教师专业素质提升非常重要，具体可以从如下几个层面着手。

首先，阐述教学理念。大学英语教师的教学行为往往会受到教学理念的影响，因此在专业引领中，专家、骨干教师应该尽可能引领普通大学英语教师熟悉与掌握教学理念，具体可以采用讲座或者报告等形式。

其次，共同拟定教学方案。当普通大学英语教师对先进的理念进行掌握之后，专家、骨干教师应该与普通大学英语教师共同探讨先进的教学方案。在这一过程中，专家、骨干教师不仅是引领者，还需要对普通大学英语教师的教学设计提出建议、给予指导，从而让普通大学英语教师的教学设计更为完善。在专家、骨干教师的引领下，普通大学英语教师能够顺利地制定出与教学理念相符的教学方案，并将这一方案付诸实践。

最后，指导教学实践尝试。在制定教学方案之后，就需要将其付诸实践，从而对教学方案进行验证。在验证时，专家、骨干教师应该参与其中，对教师的教学行为进行记录，从而与具体的方案进行对比，找出差距。在教师下课之后，专家、骨干教师与普通大学英语教师应进行分析与探讨，对教学方案进行修订，从而使方案更完善、更切合实际。

2.提高教师教学实施能力

教师教学实施能力指教师为保证教学效果达到预期目的，对整个教学活动进行计划、控制、检查、评价、反馈和调节的能力。

通过提升教师教学实施能力的专题实践研究，我们期望在学校的课堂教学中切实实现以下方面的转变：将以知识传授为中心转向以学生发展为中心；由过去依教案教学转向以学定教；由过去只关注教学结果转向兼顾结果与过程，特别是关注学习过程中学生获得的自信、养成的科学习惯以及培养出的人文精神等，这比单纯追求拥有知识的更有价值，这样才能使广大教师基于新课程标准理念进行教学设计，在现实的课堂情境中尽可能高质量地达成课堂教学的目标。作为一项研究的专题，其确立的研究目标如下。

（1）理清影响教师教学实施能力提升的因素

教师教学实施能力的提升受到多方面因素的影响，通过实践研究发现，影响教师教学实施能力的因素主要包括以下几个方面。

第一，教师的教学基本功。教师的基本功除了传统的板书、班级管理外，还包括对专业知识的理解，对课程标准和教材的整体把握，对学生心理的了解，沟通与合作的能力，搜集、整理、运用信息的能力，主动学习并积极反思的能力等。

第二，教师的主观因素。通过问卷调查发现，教师的主观因素对教学实施能力及效果也产生了明显的影响。

第三，教学的经验主义。调查发现，近 40% 的教师选择“我心中有数，常常提前一天考虑第二天的工作”。这表明在现实中，有些教师的思想相对滞后。

第四，自觉反思的习惯。绝大多数的教师缺乏系统、深入的反思。问卷调查还反映出多数教师“不知如何表述”反思，这也从侧面反映出培训不到位。虽然课改伊始进行了大规模的培训，但无论是全员培训还是学科培训，基本属于通识培训。

第五，追求卓越的意识。问卷显示，绝大多数教师认为“态度决定高度，专业发展的高低跟自身的努力追求成正比”；75% 的教师反映平时很注意“想出各种方法使自己的课生动有趣”，并意识到对教育科研应积极了解、参与，对自己的专业发展会有帮助；42% 的教师将“提高自身素质”作为未来发展的第一需要，这显示了教师非常关注学科教学的软实力——关注自身的学科教学素养、学科的内在价值和学科教学的实施过程，这种内驱力与教师的专业发展紧密相伴且更易长久保持。

第六，情绪产生的时间与进行教学的时间间隔越短，对教学的影响越大。这就向我们提出一个问题——课间时间短暂，教师应如何调节自身的情绪，以达到最佳教学状态？也许我们可以通过系统的心理知识讲座、特聘心理专家，专设网络信箱等为教师提供心理疏导，以提升教师自我心理调节能力。

第七，当前教育强调以人为本，但更多的时候，人们在关注共性的人，而忽略了个性的人。只有关注个性、以人为本，才能真正促进学生个性的发展、潜力的挖掘。

第八，职业的归属认同。调查显示，绝大多数教师认同教师这一职业，喜欢任教的学科，自己工作的热情较高。近 70% 的教师明确表示以学科为单位常态的教学研讨对于促进职业的认同感和提升自己的教学能力帮助很大。这说明教研组的建设是较成功的，得到了大多数教师的认可，成功地为教师营造了集体归属感。教师队伍的师德建设、职业成就感的培养也是成功的。

（2）确立提升教师教学实施能力的原则

第一，管理上——制度规约与人文关怀并重。古人说：“使人畏之，不若使人服之；使人服之，不若使人信之；使人信之，不若使人乐之。”可见，规章制度的执行要能使被管理者由畏之变服之，由服之变信之，由信之变乐之，进而达到理想的状态。

本着上述理念，高校应力求不断完善学校的管理制度，这些管理制度将教师的各项工作量化，其中师德占有较大的分值，其余各项应涵盖教师日常教育教学、科研、学习、专业发展等方方面面。教师可以从中找到自己的不足，从不足处着手，均衡发展，也可以从自己擅长的地方入手，在某一方面取得显著的成绩。这些制度不断激励着教师在态度、习惯等方面的发展。

第二，培训上——专业素质与心理品质并重。在教师培训中，要制定系统而有针对性的教师培训规划，注重教师心理品质的培养，开设“教师的礼仪与修养”专题培训；多渠道培养教师的学习习惯，培养教师乐于学习的心态；提供教学反思提纲，帮助教师学会反思，将反思落到实处。

第三，实践上——个人探索与群体合作并重。教师要调整教研心态，明确好课不是“做”出来的。课堂上出现问题是正常的，针对这些问题来思考、研究，探讨解决问题的办法，正是教研活动的意义所在。课后的评课不以成败论英雄，而注重课题是否得到实践、效果如何，常态下的、有生成性的课才是真实的课。课后研讨应是一种宽松的、愉悦的学习形式，向同伴开放课堂是为教师们提供一个思考、交流、研讨的平台，对于上课与听课的人都是一次学习与探索的机会。这些关于开课、观课的理念，解放了教师们的思想。

第三节　大学英语评价体系的创新

一、教学评价理论基础解析

（一）教学评价的界定

评价在人们的社会活动中广泛存在。有人认为，评价是确定课程能否达到既定目标的一种手段。也有人认为，评价是运用不同的渠道，对学生的相关资料加以收集，并将这些收集的资料与预定的标准相比较，进而作出判断与决策的过程。还有人认为，评价是对相关信息进行收集、综合，分析，从而用这些信息促进课程的发展，对课程的效度、参与者的态度进行的评定。[①]

但也有人将评价等同于价值判断。就英语教与学来说，评价指的是学生能否

① 李雁冰．课程评价论[M]．上海：上海教育出版社，2002．

达到某项能力，学生能否实现课程目标，教师的教学与学生的学习能否帮助学生实现既定目标的一种判断手段。

（二）教学评价的划分

由于评价的方式、内容等存在明显差异，因此对评价的划分也有所不同，具体而言评价可以划分为如下几种。

1．过程性评价与目标达成评价

过程性评价，即在学习过程中，对学生的学习活动进行评价与判断，目的在于将学生的学习行为能否与学习目的相符解释出来，评判学生能否实现学习目标。评价的内容包含学习策略、阶段性成果，学习方式等。

目标达成评价既可以是对课堂教学目标达成情况的评价，也可以是对单元学习目标达成情况的评价，还可以是对教与学目标达成情况的评价，其包含理解类、知识类与应用类三种目标达成评价方式。理解类目标达成评价方式表现为解释与转化，往往会采用阅读理解、听力理解等方式评价，或对阅读文本、听力文本进行选择与匹配等。知识类目标达成评价方式主要表现为对知识掌握情况的评价，采用再次确认的方式评价。应用类目标达成评价方式即采用输出表达的方法，要求学生根据阅读与听力材料进行转述或表达。

2．表现性评价与真实性评价

表现性评价是指让学生通过完成某一项或者某几项任务，将自身所掌握的知识与技能表现出来，从而对其获得的成就进行评价。① 简单来说，表现性评价就是通过对学生完成任务的表现情况及获得的成就进行的评价。表现性评价属于一种发展性评价，其核心在于通过学生完成现实任务，将自身所掌握的知识与技能展现出来，从而促进自身学习的进一步发展。一般来说，表现性评价具有如下几点特征。

第一，属于教学过程的一部分，其要与课程教学相互整合。

第二，关注的是学生知识与技能的发展，而不是对知识与技能的再次确认与回忆。

第三，一般情境都是真实的，往往需要学生将在现实学习中遇到的问题进行解决。

第四，学生需要完成的任务一般较为复杂，往往需要学生将多个学科的知识与技能相融合。

① 魏亚琴．新课程下学生评价方式的变革：浅谈表现性评价[J]．辽宁教育行政学院学报，2004（11）：63—64．

第五，形成性评价与终结性评价的结合。

综合来说，表现性评价有助于对学生的学习过程与学习结果展开更真实、更直接的评价，能将学生的文字、口头等表达能力以及想象力、应变能力等很好地展示出来，因此对英语教学非常适用。

真实性评价是指基于真实的语境对学生的表现进行评价，是一种要求学生完成真实任务之后，对自身所学知识与技能的掌握与运用情况进行的评价。与表现性评价相比，真实性评价更加强调真实，即任务的真实，一般来说其任务都是人们在现实生活中遇到的问题。

真实性评价也具有表现性评价的特征，是表现性评价的一大目标。由于真实性评价要求评价成为教学过程的一个重要组成部分，因此真实性评价也具有形成性评价的特征。同时，真实性评价又注重任务的整体性与情境性，对终结性评价有很大的影响，因此真实性评价又具有终结性评价的特征。可以说，真实性评价融合了多种评价手段，是多种有效评价手段的结合。

3. 形成性评价与终结性评价

形成性评价，即在教与学的过程中，通过对信息进行收集与整合，进而促进教与学的发展。简单来说，形成性评价即在教学过程中，教师与学生获得反馈信息，对教与学加以改进，让学生真正掌握知识的系统评价手段。一般来说，形成性评价具有如下特点。

第一，往往作为教与学的一部分在教与学过程中呈现。

第二，不是将等级划分作为目标，而主要将指导、诊断、促进等作为目标。

第三，学生往往充当主体参与其中。

第四，评价依据是各个情境下学生的表现。

第五，通过有效的反馈，教师能确定学生的水平是否达到预期。

终结性评价是一种对教师的教学与学生的学习结果进行评估的评价，是在教学结束之后，对教与学目标实现程度所进行的评价。[①] 因此，其又可以称为总结性评价。从定义中可以看出，终结性评价往往出现在教与学结束之后，用于对目标达成情况进行评价。因此，这一评价方式有时可以等同于之后要讲述的目标达成评价。

（三）英语教学评价的功能

英语教学评价能不断促进学生在学习过程中的进步，从而使学生能正确认识

---

① 鲁子问，王笃勤．新编英语教学论[M]．上海：华东师范大学出版社，2006．

自我，促进他们综合能力的发展。另外，英语教学评价能为教师提供反馈信息，从而不断改进自身的教学情况，提升自身的教学水平。总体而言，英语教学评价有如下几点功能。

1. 导向与促进

英语教学评价有助于英语教学目标的实现。我们知道，英语教学评价不仅需要评价学生对知识的掌握情况，还需要评价学生的学习态度、发展潜能等，只有通过综合性评价，学生才能在英语学习中保持积极的态度，从而形成有效的学习策略，并且具备跨文化的意识。英语教学评价应该为英语教学目标服务，这就要求学生应该从目标出发，制定学习计划，并不断检验自己的学习方法与学习成果，这样才能将自身的潜力挖掘出来，提升学习效率。因此，英语教学评价对学生有着积极的导向作用。

英语教学评价的内容包括学生日常学习表现、学生学习中获得的成绩、学生学习的情感与态度等，通过对学生学习的激励，帮助学生对自己的学习过程加以调整，让他们逐渐获得自信心与成就感，培养学生之间的合作精神。为了让评价与教学过程有机融合，学校与教师应该营造宽松、开放的评价氛围，还可以建立相应的评价档案对学生进行鼓励，从而实现评价的多元化。

2. 诊断与鉴定

英语教学评价对教与学的情况进行了整体评判。在教学过程中，学生往往会通过评价量表等方式对教师的教授情况、学生的学习情况展开评价，这样便于学校、教师、学生了解具体的教与学的情况，判断学生在学习过程中有无偏差，从而找出问题的原因，加以改进与提高。

3. 反馈与调节

师生可通过问卷、访谈等方式，发现教与学中的优点与不足，对教与学过程中的得失进行评价。通过评价，教师以科学的方式反馈给学生问题，促进学生建立更为全面与客观的认识，为下一阶段的教与学规划内容与策略，有效地开展教与学的活动奠定基础。

4. 展示与激励

英语教学评价对学生的学习过程非常关注，让学生认识到自身学习中的优势之处，不断鼓励自己，取得更大的进步。同时，教师还需要适当地指出学生在学习中出现的错误，这种正反鼓励方式会不断提升学生学习的主动性与积极性。

（四）英语教学评价的原则

在英语教学评价中，还需要遵循一定的原则，这样对评价的实践有更好的指导意义。以这些评价原则为基准，教师才能更好地制订出与学生实际情况相符合的评价手段与方法。

1. 主体性原则

主体性原则，即英语教学评价主体需要考虑教学价值主体本身——学生的需求，对教学价值客体进行评价。

在学习中，学生处于主体地位，但是传统的英语教学评价仅将教师看作核心，认为教师处于教育主体地位，是知识的灌输者，而学生仅是知识的被动接受者，这样就会导致教学评价主要是针对教师进行的，评价的内容也主要是教师的教学情况。

当前的教学强调有效教学，即发挥学生的认知主体地位，因此教学评价的对象需要从以教师为主导转向以学生为主导，对学生学习情况的评价内容与手段应该从单一转向多元，如对学生学习动机、学习兴趣等都可以进行评价。基于此，教学评价的对象才能转向学生，当然这里并不是说不对教师进行评价，只是说以学生的评价为重点，为学生创造更多适合学习的环境。因此，主体性原则要求将学生作为评价主体，即评价活动以学生的发展为目标，评价设计要有助于学生的多元化、个性化发展，发挥学生的主观能动作用，帮助学生形成积极的态度，同时不能损害学生的自尊心，要对学生予以爱护与尊重。

2. 过程性原则

英语教学评价应该坚持过程性原则，这主要体现为两点。

其一，要坚持全程性，即评价要在学生学习的全过程中得以贯穿。

其二，要坚持动态性，即对发展过程加以鉴定、诊断、调控等，对整个过程的发展方向加以把握。

英语教学评价非常关注过程评价，这有助于提升学生的学习兴趣，增强学生学习英语的主动性，从而有助于学生自主学习。

3. 多样化原则

英语教学评价应该坚持多样化原则，这主要体现为三大层面。

其一，评价主体要多样化，即不仅涉及教师，还涉及家长、学生等，通过宽松、开放的评价氛围，对教师、家长、学生的参与予以鼓励。

其二，评价形式要多样化，即对学习过程予以关注，要从不同的内容与对象出发考虑，采用自评、互评等评价方式。

其三，评价手段要多样化，既可以是观察表，也可以是量表等，教师应从不同学生的学习差异与教学策略出发，采用恰当的评价手段，选择适合学生的评价方式，从而彰显学生自身的优势。

4. 实效性原则

英语教学评价强调实效性，即主要是从教育的现实意义与评价行为等层面来考量，其要求在具体的评价实践中，能将评价的实用价值体现出来。

英语教学评价的实效性原则在评价方式上非常方便，即不会使用烦琐的程序，但是要保证评价的时机与质量，因此在设计评价内容与方式时，不能与英语教学的目标相脱离，要关注评价之后产生的实际效果。

5. 发展性原则

英语教学评价应该为学生的发展服务，注重学生信心的树立，发现学生发展过程中所出现的问题，通过反馈对这些问题进行解决，促进学生更好地向前发展。发展性原则一般包含如下几点。

其一，发展性原则要求英语教学评价应该从学生出发，将学生的需求作为出发点与落脚点。

其二，发展性原则要求英语教学评价的目的是促进学生的发展，即只要是对学生发展有利的评价，任何手段与技术都可以运用其中。

其三，发展性原则要求英语教学评价对每一位学生的个性特点与原有基础进行把握与关注，从而为每一位学生的发展做出努力。

通过评价，教师能更好地引导学生，对学生的原有基础、认知水平等进行评定，认识学生在发展过程中的不足，从而有针对性地进行改进与调整，对学生的学习过程进行优化，使学生获得更好的发展。除此之外，发展性原则还要求教师对学生的态度、情感等进行关注，以帮助学生形成正确的价值观。

二、大学英语教学评价体系创新的必要性

（一）传统教学评价落后于前沿理论

目前，我国教育体系已经进行了多方面的改革，取得了较大的成果，这导致传统教学评价已经落后于当前的教学系统，表现在重定量，轻定性；重结果，轻过程；重教师；轻学生。

1. 重定量、轻定性

在传统的英语教学评价中，教师往往只重视定量评价学生，忽视了从定性层

面来评价学生。虽然定量评价具有一定的优点，如可以准确反映评价对象的学习成果，并且方便对评价成果进行统计与分析，然而对学生学习过程中并不能进行量化的内容，定量评价无法进行合理评价，所以想要全方位地对学生展开评价，就不能仅采用定量评价方式，而需要将定量评价与定性评价相结合。然而，定性评价在大学英语教学中受到的重视程度依然不够，还需要教师在这方面加以努力改进。

2. 重结果、轻过程

在传统的英语教学中，教师多使用终结性评价方式来评价学生，很少使用形成性评价方式。使用终结性评价方式，教师往往只重视结果的评价，无法对学生学习过程中的情况进行把握。换言之，教师只有在期中、期末考试中才能了解学生掌握知识的情况，了解是否达到了学习目标，而对学生在学习过程中的学习情况不能完全掌握。此外，期中、期末考试题目设计有限，教师并不能把一个学期所讲授的所有内容都放在考试题目中，因而所选择的考试题目存在片面性、偶然性。

3. 重教师、轻学生

在传统教学与评价过程中，教师是主体，是不可或缺的部分，学生往往处于被动状态，这对学生自主学习积极性的培养来说较为不利。

（二）传统教学评价较难适应时代发展

在我国传统英语教学的发展过程中，教学评价的目的很明确，即选拔人才，将考试作为评价教师教学成果以及学生学习情况的重要方式。然而，时代在发展，社会在进步，经济全球化将世界上的各个国家带入了多元化的格局中，各国教学都进行着交流与碰撞。另外，科学技术飞速发展，将人类带入信息化时代。

传统教育不合理的评价方式导致英语教学评价内容不全面，仅重视学生在学习中认知的发展情况而忽视智力的发展情况。事实上，兴趣、态度、情感、习惯等非智力因素对学生的英语学习产生着较大影响。如果在教学过程中仅重视对语言知识的学习，忽视对语言能力的培养，那么就会造成学生只是记住了英语知识，并不能将这些英语知识运用到具体的交际实践中。由此可以看出，对传统英语教学评价进行改革十分必要。

三、大学英语教学评价体系创新表现

（一）教学知识与技能评价方法

1. 语言和社会变量的相互作用

人们的话语与行为往往会受到一些变量的影响和制约，如年龄、性别等。在跨文化交际中，交际双方需要对这些变量有所把握，这样才能使交际更加有效、顺畅。因此，在大学英语教学评价中，对学生的语言与社会变量进行评价是一个重要的方法。

2. 对教学观点的评价

学生应该具备概括英语国家教学的能力，同时对已有观点加以评价与修改。对教学观点的评价，大学英语教学评价可以是填空形式、判断形式、选择形式，也可以是主观题形式，无论采用何种方式，都是为了测评学生的教学知识掌握情况，这样才能将评价的效果体现出来。

（二）教学意识评价的方法

对教学意识的评价主要可以采用以下几种方法。

1. 社会距离量表

在跨文化交际中，文化背景不同的人，其社会心理距离也必然存在差异，社会距离量表就是对他们进行的社会心理距离考试。

2. 问卷评价

在跨文化交际视域下，问卷评价是一种常用的评价方式，主要对学生进行测试。一般来说，问卷评价的方式可以是口头的，也可以是书面的，受试者通过回答同意与不同意来进行考试。

3. 单一教学态度评价

单一教学态度评价是由格赖斯提出的，受试的题目是对多种态度的描述，受试者需要根据自身的情况来进行评价。

（三）网络系统教学评价法

在网络的影响下，英语教学评价体系也得到了进一步的完善与发展。当前，基于网络技术构建的英语教学评价系统有如下几个方面。

1. 网络实时评价系统

网络实时评价系统以网络通信手段为依托，通过文字、图像、音频、视频等方式进行相互交流，在交流过程中实现具体的评价。利用这一评价系统，学生可以不再受时间、空间方面的限制，及时获得教师的有效反馈。这一系统可以帮助教师有效监控、管理学生的学习，可以大大提升学习效率。

2. 网络考试系统

网络考试系统通常涉及针对学生的考试系统、题库系统、自动批阅系统等。学生可以随时随地登录这一系统，从题库中抽取试题进行回答，在完成之后就会给出结果，系统会对学生的回答情况进行评判。教师可以利用此系统进行阶段性考试或者综合性考试，学生也可以自由控制题型、时间、难度等。网络考试系统通常可以自动生成答案，并且给出评估报告，对学生的学习风格、学习效果、学习倾向等进行评价。

3. 网络答疑系统

网络答疑系统一般包括在线讨论、互动交流两种形式。当前，很多外语教学网站中都设置了在线互动讨论区，学生在这个讨论区中可以自由发帖发表自己的学习看法与成果，并通过回帖与其他学生进行沟通与互动。网络答疑系统可以对学生提出的知识难点进行记录，教师可以通过系统记录的难点分析学生的学习情况，进而发现自己在教学中存在的问题，及时调整与改变教学策略。通过网络答疑系统的搜索引擎功能，学生可以通过搜索关键字等技术快速得到答案。

4. 网络多媒体考试系统

网络多媒体考试系统是针对网络在线考试系统的进一步改进之后所形成的。在传统文本考试的试卷上，网络多媒体考试系统增加了一些多媒体数据，如音频、视频、图像、动画等，利用虚拟现实技术组建虚拟的考试环境，非常适合运用到英语网络教学评价中，网络多媒体考试系统使得全面、多元的评价成为可能。

第五章　多元视角下的大学英语教学创新发展

随着经济全球化的迅速发展，英语已经成为一种必不可少的工具，大学英语教学也面临着越来越多的挑战。多元视角下的大学英语教学创新发展旨在提供一个开放、包容、多元化的学习环境，帮助学生更好地适应经济全球化的挑战。

第一节　教学自信视角下大学英语教学的创新发展

一、教学自信的界定

（一）自信

自信可以定义为一个人对自己能力、价值和潜力的确信和积极评价。它是一种内在的态度和信念，体现了个人对自身能力和价值的坚定信心。自信是建立在个人内在信念基础上的，它由个人对自身的认知和评价形成。它不取决于外界的评价或观点，而是源于个人对自己的真实了解和积极肯定。即使外界给予了负面的评价或批评，自信的人依然能够保持自信的状态，因为他们相信自己的能力和价值。

（二）教学自信

1. 主体

教学自信包括个人主体、集团主体、社会主体，个人主体指学生个体内部的自信信念；集团主体指学生所处的教育环境和社交群体；社会主体指学生所处的社会结构和文化环境。

在我国新文化运动时期出现了很多思想家，如梁启超、王国维、鲁迅、胡适等，他们学贯中西、别立新宗，显示出创立新文化的宏大气象。这一方面体现了他们作为民族文化精英的主体自信；另一方面，他们展现出的新文化得到知识界的普遍认同，知识界乃至广大民众对新文化产生了很大的自信，这又体现了集团主体乃至社会主体的文化自信。

2. 客体

教学自信的客体可能是各种类型的教学，如中华教学、中国传统教学、中国特色社会主义教学等。新文化运动时期，人们对新文化创造产生很大的自信，这里自信的客体就是新文化。当前，我们强调教学自信，比照四个自信，应该强调的是对中国特色社会主义文化的自信。这里，中国特色社会主义文化就是自信的客体。

3. 主客体关系

教学自信的主客体关系包括实践关系、认识关系和价值关系。实践关系指教师在实际教学活动中通过积极的教学实践来提高和展现自己的自信心；认识关系指教师对自身教学能力和潜力的正确认识和评价；价值关系指教学自信与教学目标和价值观之间的关系。

上述三层关系密切联系，有机统一。其中，实践关系是其中的最基本方面，价值关系则是其中的最高层次，它是主体进行教学实践和认识活动的内在标准、目的和动力。

二、教学自信视角下大学英语教学的现状

在英语教学中，应该将教学自信融入进去，更好地培养出顺应时代要求的英语人才，但是在现实情况下还存在一些问题。下面对教学自信视角下大学英语教学的现状展开研究和探讨。

（一）传统教学教育缺乏资源与平台

近年来，国家对传统教学的教育与重视程度有待提高，在某种程度上，学生从文学、文字、教学载体上获得的传统教学传承还有待增加。

（二）多元教学激荡冲击下的传统教学

在“互联网+”的影响下，大学生有了更多获取信息的渠道。在经济全球化的影响下，不同类型的教学在进行不同程度地交流与传播，这些都给传统教学带来了一定冲击。

（三）大学英语教学课程内容的平衡

在经济全球化下，跨文化交际越来越频繁，并且互为参照。这促使人类文明逐渐走向“各美其美，美人之美，美美与共，天下大同”。

自 2013 年 12 月考次起，全国大学英语四、六级考试委员会对大学英语四、六级考试进行了调整，将单向翻译题型调整成为段落汉译英，内容涉及中国历史、中国教学、中国经济等，希望通过这样的调整促进大学英语教学课程内容的改革。

（四）大学英语教学课程主体素养不足

课程主体是大学英语教学中教师综合素质的关键因素之一，它对教师的教学内容、目标、方法和评价提出了明确的要求。教师需要全面理解和把握课程主体，将其转化为具体的教学实践，以提高教学质量，培养学生的语言能力。

目前，社会对于大学英语教师的评价主要是过关率、课程难度等方面，而忽略了教师的综合素质和目的语语言水平，忽略了对学生真实语言能力的培养。这导致教学内容较为局限和单一，使得学生在学习过程中缺乏一定的兴趣。

三、教学自信视角下大学英语教学的意义

课程是学校教育的载体，通过学科课程，学生才能获取课程内容，促进自身的成长与发展。语言不仅是对社会生活的呈现，更是教学对某种社会价值的表达与呈现。换句话说，语言在社会生活中充当的不仅是工具，还是目的。

相应地，语言课程也就有了双重性的特征，即目的一手段，其不仅是知性的呈现，还是人性的呈现，对于学生的世界观、人生观、价值观有着独特且直接的影响。因此，在大学英语教学课程中，应该将目的语和母语有机结合起来，以促进学生在学习目的语的过程中更全面、更有效地获得语言能力。

实际上，自 20 世纪以来，很多学者都认为除了语言知识，语言课程应该更积极地培育学生的教学能力，引导学生对语言表层意义进行探究，分析语言的深层意义，从而获得语言知识与技能等语言结果与教学自觉、教学自信等非语言结果。

（一）课程目标：传播中国教学思想

完善教学目标可以提高教师的专业能力、增加学生的学习动力、增强教师的教学效果和教学自信心。教学目标作为教学活动的出发点和落脚点，对于教师和

学生来说都具有重要的指导和激励作用，对于提高教学质量和推动学生学习发展非常关键。

进入新世纪以来，中国对国际化的重视程度与日俱增。在新时代背景下，相关材料曾提出：要增强国家的语言实力，传播中华教学，促进中国与其他国家的广泛交往，从而提升国家的教学软实力。

（二）课程内容：鼓励中国英语

英语作为一门国际性通用语言，是经济全球化进程的伴生物，且短时间不会发生变化。在当代，英语运用语境的新常态在于由传统的英语单语言模式转向多语言与多教学并存模式。在这样的背景下，英语教学越来越重视中国教学走出去的目标。

学者葛传曾阐述“中国英语”的概念（不同于“中式”英语），简单来说，“中国英语”是中西方教学交流的产物。同时，“中国英语”对中国教学的“有形之物”与“无形之物”都是非常观照的，如建筑等属于“有形之物”，是一种教学认知，价值观、人生观等属于“无形之物”，是一种教学认同。

从教学认知的角度而言，“中国英语”不仅对中国传统教学加以传达，如思想，教育、艺术、科学、历史，建筑等，还需要对当代中国的基本国情进行反映。

从教学认同的角度来说，其不是对过去的缅怀，也不是一种乡愁，而是对现在的定位，对未来的设想。也就是说，它要在实体事物的机械运动中体现价值。

英语教学要培养学生的教学自信，不能仅停留在表面，而应该进行深度挖掘，并对深层教学加以鉴赏。虽然青年学生思想都比较积极、活跃，容易接受新事物，但是它们缺乏扬弃思维，因此在英语教学中开展中西教学对比是非常必要的。

（三）课程实施：开展中国话语

教学自信的形成有着深层的规律，教学认知是教学自信形成的前提，教学交流是教学自信形成的条件，而教学话语权是教学自信形成的关键。因此，教学自信的形成需要具备三个要素：教学认知、教学交流、教学话语权。要想培养学生的教学自信，英语教学中还应该突破语言学教育的阻碍，开展语言学教育，即在具体的教学课程实施过程中，应该基于语言、超越语言、走向教学。基于教学的话语中介性质，这一过程可以中国话语作为抓手，围绕中国古代、当代、现代等一些教学事件，实现语言表征与教学意识之间的优化与驱动。

在教学自信视角下的英语教学中，认同教学课程是师生在具体情境下共同合作、创新的过程。在这一过程中，谁来担当课程主体、如何促发课程机制、如何丰富课程媒介是非常关键的。

1. 师生即课程

一名优秀英语教师需要具备全面的能力，不只是传授知识技能，还要培养学生的自主思考和解决问题的能力，切实增强学生的语言实际应用能力，解读语言的深层意义，帮助学生提高语言的主体意识，对语言内容加以优化，从而扩充语言社会教学知识。另外，作为中国教学的主体，学生自身或者与其他学生之间也应该具备主体意识与主观能动性，在完成教学认知传递的同时，还要挖掘教学认同。

2. 活动产生意义

学者杜威认为，教育就是将逻辑经验还原为心理经验的过程。教学自信是教师重要的心理状态，它对教学产生积极的影响。教学自信可以增强教师与学生的互动、提高教学效果、增加学生对教师的信任和尊重。然而，教学自信是个体差异较大的心理特征，不同的教师在不同的教学环境中可能会有不同程度的教学自信。因此，教师需要积极地培养和发展自己的教学自信，以提升教学水平和教育质量。

按照教学自信的观点，英语教学应该与学生的日常生活相结合，增强学习的相关性。当学生能够看到所学英语知识在他们的实际生活中有用处时，他们会更有动力去学习和应用这些知识。通过真实的任务，学生能够更好地理解学习的目的和意义，增强学习的积极性和主动性。

3. 媒介即素养

在大众传媒兴盛的时代，教育还需要培养人的媒介素养，提高学生的媒介利用率。

在教学自信视角下，教学资料应该将语言、交际、教学相融合，促进真正的跨文化交际。也就是说，除了借鉴西方教学模式，还应该弘扬本土教学模式，通过真实的、多模态的教学资源，端正平等、共赢的教学态度。此外，网络立体化教学对于英语教学意义重大，是英语教学改革和发展的重要趋势和方向。通过网络教学平台，学生可以获取到更加丰富、充实的教学资源，促进教学质量的提升和效益的提高，借助网络平台可实现课下拓展，实现语言技能与教学自信的共同提升。

（四）课程评价：认同中国价值

教学自信既是一种认知，表现在教师对自己教学能力和素养的准确认知，也是一种态度，表现在教师有积极自信、乐观向上的教学态度。这两个方面相辅相成，共同促进了教师教学效果的提高和学生学习成果的增加。在教学自信视角下，英语教学能否实现课程目标，主要评估的是学生课前与课后的教学自觉、教学自信、教学自省是否发生了变化。具体来说，在教学自觉上，学生通过课程是否促进了自身价值与教学意识的认知发展；在教学自信上，学生通过课程是否促进了自身主体身份、生活质量的发展；在教学自省上，学生通过课程是否促进了自身辩证教学态度与教学意识的提升。

英语教学的目的不仅是让学生掌握基本的语言知识和技能，还要让学生能够在实际情境中运用所学内容，将知识转化为实践能力。当学生能够通过所学知识在现实生活中解决问题和应对挑战时，才能真正实现知行合一，这也是最终的目的与宗旨。

四、教学自信视角下大学英语教学创新具体策略

（一）设计带有本国内容的教材

为了提高我国英语教学的专业性，很多学校都引进了英语原版教材，这些教材中很少会涉及中国教学的内容。鉴于此，相关部门应该系统组织编写中国教学的英文教材，同时进行中西教学的比较教学，以此来加深学生对中西教学的了解程度，发掘自身对教学的认同感，增强向外传播中国教学的意识。

我国对外交流的目标是让世界了解中国，让中国走向世界。因此，英语教材编写也应该在介绍不同英语国家教学的基础上，增添带有我国特色的文章，从而增强教材的实用性。

（二）充分发挥媒体的传播作用

在当今信息社会中，我们要学会利用网络新媒体，综合运用报纸、书刊、电台、电视台、互联网等各类媒体，创新宣传形式，使中国传统教学的弘扬与传播符合时代特点，时刻保持旺盛的生命力，达到预期效果。例如，创建高水准、有内涵的中华传统教学网站；在校园网开设传统教学栏目，通过微信平台建设，将教学潜移默化的影响力发挥到生活的点滴之中；充分利用学校优质的教育资源，发挥学校的人文传统，开设名家讲坛选修课程并录制上传，使之网络化。

第二节 网络视角下大学英语教学的创新发展

一、网络及网络技术

（一）网络

网络是由节点与连线构成，是不同对象间的相互联系。网络在不同领域有不同的意义，在数学领域，网络一般指代加权图；在物理领域，网络是基于某种相同类型的实际问题而抽象出来的一种模型；在计算机领域，网络被定义为一种虚拟平台，主要用于信息传输与接收。总体而言，人们运用网络可以连接各个点、面、体，从而实现资源的共享。因此，网络在人类生活中有着十分重要的作用。目前，网络的发展日益迅速，人们的生活几乎离不开网络这一媒体。

（二）网络技术

网络技术是人类身体、大脑的扩展与延伸，对人类固有的生活方式、思想观念等进行着冲击与改变。

网络技术最早源于美国军事领域的阿帕网。1970 年初，美国政府发现了网络具有巨大的潜能，因此将网络从军事领域拓宽到民用领域，主要用于商业贸易与交流。因此，阿帕网与其他网络进行联合，形成了现如今我们所说的互联网。

现如今，网络技术一般定义为将两台或者多台计算机进行连接而实现信息资源共享的技术。当计算机借助铜芯电话线、光纤或卫星中继等电信媒介进行联通之后，网络就形成了。当然，为了更好地发挥其效用，还需要借助专用接线器和路由器等设备。

1. 虚拟性

网络技术所依赖的基础设施和交互界面的特殊性质，使得人们在其中表现出来的行为和形象不同于现实生活中的真实状态。网络技术所创造的虚拟空间和虚拟个体并非真实存在的物质实体，而是一种基于计算机和网络技术的数字化形式。在这个虚拟空间中，个人能够通过创建自己的资料、账号等方式展现自我形象，而这种形象与现实生活中的真实状态往往存在差异。

首先，网络空间环境的存在是一种虚拟的状态，是基于现实的空间环境建立起来的。通过网络技术，人们可以交换信息、交流思想，接触文字、声音图片等并对其进行加工，最终给人以身临其境之感。因此，网络技术的虚拟性并非无中生有，是一种客观的事实存在。

其次，这种虚拟性的另一个重要特点是无处不在的互联性，即网络技术为人们提供了一种全新的交流和互动方式。在虚拟空间中，人们可以随时与世界各地的其他人进行交流互动，这种全球性的交流和互动给人们带来了更多的机会和挑战。

2. 开放性

随着网络技术的快速发展，人们有了全方位的交流平台。网络分散于世界上的各个角落，无论人们处于何地，都可以享受到网络带来的便捷。

通过网络技术的应用，人们传统的交往方式得到改变，逐步进入一种全新的非集中化的人际交往模式中。随着网络技术在人们生活的方方面面得以渗透，人们的交往方式也突破了时空的限制。通过网络技术，人们可以自由地表达自己的思想和观点，并充分利用信息资源。

3. 互动性

当人们与他人进行交往时，网络技术为人们提供了一种新的交往形式。以前，传统的通信工具使得信息资源的接收与发送单向流动，而网络技术的出现使得信息资源的接收与发送呈现互动流通。

在虚拟的网络空间中，人们很容易构建自己的虚拟世界，并找到最适合自己的沟通渠道。网络帮助越来越多的人分享并探讨彼此的看法，实现全球性的交互。可见，网络技术能够使人们成为信息资源的生产者和提供者，并极大地提高信息的价值。

二、网络与英语教学结合的意义

（一）更新教学观念

网络技术的创新与应用可使教师对教学过程与教学资源利用有新的思考，进而促进教学观念的更新。传统的英语教学以教师为中心，教师作为传授知识的主体，在英语教学过程中发挥着十分重要的作用。

在英语教学观念方面，网络技术的应用为英语教学的发展提供了新思路、新思想、新办法，促进了现代教育观、现代学校观、现代人才观的形成。

在现代英语教学中，网络技术在英语教学过程中得到了广泛利用，不仅增加了师生之间的交流与沟通、促进了双向教学，还改变了师生双方在课堂上的定位：

教师借助多媒体工具成为教学的设计者，而学生能更加主动地获取知识，教师在英语教学过程中逐渐建立起以学生为中心的观念。

（二）提高教学效率

生产技术的变革会促进生产效率的提高，在教育领域，技术也具有相同的提高教学效率的作用。

教学效率是指一定时间内完成更多的教学任务，或者完成相同教学任务使用更少的教学时间。网络技术的发展和英语教学的结合可缩短英语教学时间，能更加高效地实现教师和学生在英语教学过程中的知识输出与输入。

在网络与英语教学结合的过程中，先进的网络技术可使学生综合利用多种感官进行学习，使学生充分获取知识。有实验证实，在学习过程中，学生利用的感官越多，越有利于学生对知识的理解、记忆，就越能帮助学生获得较好的学习效果，进而提高英语教学的效率。

（三）提高教学质量

网络技术的应用极大地提高了英语教学质量。具体来说，英语教学质量的提高表现在英语教学过程中真正实现了英语教学目标，促进了学生的德智体美等多方面的发展。网络技术在英语教学过程中的应用对学生的多方面发展有较高要求，学习过程中学生的各项知识与技能会不断得到提高，各个感官共同应用到英语学习过程中，促进了学生大脑思维的发展，可实现学生的全面发展。

网络技术对英语教学质量提高的表现具体分析如下。

首先，网络技术为教学提供技术支持，能为现代英语教学提供一个良好的交互环境，让学生获得更广阔的自主学习空间，掌握学习主动性，接收并使用来自不同渠道的学习信息，从而实现个性化发展，提升教学品质。

其次，在新时代，网络技术与英语教学的结合无时间、空间的限制，有利于创建英语教学的大格局，调动并整合更多高效教学资源，将其展示给更多学生，从而提高英语教学的整体质量。

最后，现代化的英语教学强调高素质全面发展的人才培养，强调学生的发展应与社会发展相适应，现代英语教学为提高教学质量和促进英语教学为社会文化现代化发展服务，新的英语教学观念将会催生新的英语教学质量评估体系和评价方式，并有助于建立信息全面的大数据跟踪与检测，促进每一名学生实现真正发展。

（四）转变师生角色

在网络与英语教学结合的过程中，最大的障碍是教师角色的转变。很多研究者认为，网络环境下的英语教学是传递信息和吸收内化过程的转变，教师不再是单纯的知识传授者，而是更接近引导者、服务者，学生不再被动接受知识，而是主动探究所学内容的内涵。

（五）促进教学改革

网络技术的发展是英语教学改革与发展的突破口，引起了英语教学领域的多方面变革，具体分析如下。

1. 英语教学组织形式的变革

在传统的英语教学中，英语教学组织形式是以学校、班级和课堂为主场所，在英语教学过程中也重视学生的个性化发展，提倡个别答疑、分组学习，但是受多种条件限制，学生的统一化教学仍是主要教学形式。

随着网络技术在英语教学中的应用，学生的小组学习、个性化学习成为可能。例如，网络化的传输功能可在各种学科中实现实时交互学习。

2. 英语教学手段与方法的变革

网络技术在英语教学实践中的应用为教师的多样化教学提供了更多的技术支持，也能丰富学生的感官体验，有助于提高教师和学生教与学的积极性与主动性。

教育手段多媒体化，教学方法多样化是英语教学实践过程中的体现，教师对多样化英语教学工具与方法的选择，能为学生的不同英语教学内容的学习提供良好的教学环境与教学体验。

3. 英语教学模式的变革

在英语教学模式上，传统的英语教学模式限于教室、教师、黑板和教科书。现代教学媒体改变了原有英语教学的结构，形成了多种教育新模式。

网络技术在英语教学中的应用突破了旧有的学校模式，使教师的教与学生的学均摆脱了学校、课堂、时间、地域的限制，远距离教学模式——“网络大学”“开放大学”“全球学校”得以实现。

（六）拓宽教学规模

网络技术能拓宽教育规模，加快英语教学的发展。从当前我国的英语教学现状来看，国家正在实施科教兴国战略，充分利用网络技术开展各种远程教育，让更多偏远地区的学生受益，大大节省了教师、校舍和设备资源，并有效促进了英语教学规模的扩大。

（七）匹配学习活动与学习环境

按照学习过程是否需要交流协作或独立思考，可以将学习分为独学和群学。独学以独立思考为特征，如知识传授；群学以协作交流为特征，如知识内化。学习环境也有两类：私环境和公环境。私环境可在家里，安静、干扰少，适于独立思考，适用于独学；公环境可在课室，是公共场所，适于交流分享、协作探究，适用于群学。网络与英语教学的结合将“在课堂学习知识，在家完成作业”的方式转变为“在家观看视频学习知识，在课堂讨论学习”，实现了学习方式与学习环境的匹配，即适宜群学的学习内容与适宜群学的环境相互匹配，适宜独学的学习内容与适宜独学的学习环境达到统一。网络与英语教学结合的潜力和特色实现了学习活动与学习环境的结合与匹配。

三、网络视角下大学英语教学的原则

（一）以学生为中心原则

网络视角下的大学英语教学要坚持以学生为中心原则，这就要求教师在教学实践中要认识到学生的主体地位，有意识地引导学生对语言与教学进行感受与领悟，体验教学，同时注重学生自主学习能力的培养，使学生完成知识与意义的内在建构。

在网络视角下的大学英语教学中，教学的设计和活动的安排均不可忽视各方面因素对学生学习可能产生的影响，教师不仅要关注英语语言知识的学习，更要关注学生对本族语和本族语教学的理解和体验、对目的语教学的态度、学生个人的综合素质等。

（二）以理解为目标原则

教学理解指的是“学习者以客观、正确的态度看待、理解母语教学和目的语教学，并能以得体的行为方式与非本族语者进行跨文化交际”。只有正确地理解本国以及他国教学，才能更好地进行跨文化交际。

因此，网络视角下的大学英语教学应当坚持以理解为目标原则。在教学过程中，教师可以采取分析或解释目的语教学等手段，帮助学生了解两种教学的差异，以及差异的根源。此外，对教学评价时教师需要考虑学生对目的语教学的共情能力，而非一味地关注学生对非本族教学的排斥或接受情况。

（三）教学多元性与情境性相结合原则

在网络视角下，大学英语教学应该改变传统的教学模式，将先进的科学信息、教学理念等带到课堂中。教师可以运用丰富的网络资源对自己的课件进行优化。在讲授新课之前，教师可以为学生布置预习任务，让学生提前上网查阅下节课将要讲述的内容，这样不仅有助于激发学生的学习积极性，也有助于学生增进对相关背景知识的了解与把握，加深他们对教学的理解，扩充自身的知识面。

此外，教师应该了解课外教学是培养学生教学的重要渠道，因此教师要充分利用课外的教学实践，让学生感知教学的氛围，使课外教学成为课内教学的有效补充。

让学生沉浸于目的语教学氛围的目的在于培养学生自身的跨学科教学意识，提升自身的跨学科教学能力。在课堂上，教师为了方便操作，可以在教学计划实施的同时，每堂课抽出一定的时间培养学生的教学意识。教师可以设计一些与教学相关的话题与活动，让学生讨论与参与，从而加深学生对教学差异的感受与理解。另外，课外活动也是对学生语言能力与教学意识培养的检验，教师可以让学生在真实的情境中对自己学过的知识进行运用，如定期举办角色扮演的活动，这样学生就可以对知识有深刻的理解，从而真正地做到学以致用。

（四）传授式与体验式相结合原则

在网络视角下的大学英语教学中，传授式教学和体验式教学是常用的两种教学模式。

传授式教学模式主要是讲授知识技能，多采取讨论、讲座等方法，旨在提升学生的认知理解能力，掌握语言知识与教学知识。它也存在不足之处，即学生一般是被动地接受知识，很少有机会进行实践。

体验式教学模式是以学生为中心的一种教学模式，通过创设真实的跨文化交际情境，使学生真实地感受、体验、认知和实践教学知识。这一模式能很好地弥补传授式教学模式的不足。

在具体的教学过程中，教师应注意根据教学情况，将这两种教学模式结合起来使用，确保教学中既有语言与教学知识的讲解，又有促进认知、培养实践能力的模拟活动、角色扮演等。

四、网络视角下大学英语教学的创新方法

（一）务实手段，创设跨文化交际基础

在网络视角下的大学英语教学中，教师应该利用网络技术，将现代媒体作为教学手段，实现教学过程的完善、教学资源的优化、教学效果的达成。网络技术有助于教师创设真实的教学环境，通过声音、图像、动画等的结合，有助于增强教学的直观性，让教学更为形象。

另外，在网络多媒体环境下，学生愿意进行技能的训练，这不仅提升了学生分析问题的能力，培养了自己的判断性思维，还能够提升学生的语言意识和跨学科教学意识。

在跨文化交际教学中，教师可以采用实时播放式的英语教学形式，即课堂示教模式，其以教师为主，教师利用计算机、各种音频与视频设备等媒体将学生需要的知识传播出来。

（二）组织协作，倡导交互学习

在网络视角下的大学英语教学中，进行有效的组织和安排是其中的一大关键要素。在建构主义理论指导的教学模式下，教师如何分组并组织学生，对英语学习至关重要。协作学习是建立教师和学生学习共同体的重要途径，因为这本质是不同主体交互、激活学生脑内图示、建构语言意义的过程。协作学习可以将学生的学习积极性调动起来，激发学生的思维，有利于整个团队完成意义的建构。

在具体的大学英语教学中，教师应该基于教学主题、交际内容，为学生安排与创设一些操作性强的教学任务，并对任务的内容给予具体的要求与建议。之后，教师对学生进行分组，确保组内成员之间的差异与互补，让小组内成员与成员之间实现互动与交流，对教师交给的任务进行归纳、总结，从而最终掌握教学知识，提升自身的跨文化交际能力。

（三）深化大纲，加强大纲理解

教学大纲是教学所要遵循的根本纲领，但是大纲中对教学的内容、目标、方法或要求并没有明确的描述。大纲对听、说、读、写等知识性学习与技能性训练的指导相当成熟，而且十分完备，但对教学学习还没有给予充分的重视。

语言教学不讲教学，则会变得单调枯燥，一味讲教学，又缺乏充分的现实指导。因此，教师需要了解教学大纲规定的课程目标、内容与标准，针对自己所教

授的课程，对教学大纲进行分析，深入理解其所述的教学目标、学习要求、教学方法等关键内容，制定相应的教学计划，确保所承担的课程在教学质量和教学效果方面均能达到预期目标。教师在制定教学计划时需要考虑实际应用，采用多种教学方法、教材和教具，从而使语言课程更有趣、更有深度，促进学生人文素养的提高。

（四）理解材料，开发优质教材

教师只有对教材有深入的理解，在课堂上才能做到张弛有度，激发学生的积极性。教师对教材的解读，小到词汇语法、大到教学现象，都能作为课堂拓展和个人积累的方式。虽然教材不可能详细分析所有涉及的知识点，但教师可以利用教学中的不同环节，如听说读写等，有针对性地拓展课堂内容；可以利用多媒体资源丰富教学内容，引入与课程相关的素材，提供更多语言学习机会。

（五）组织会话，展示学习成果

在网络视角下的大学英语教学中，会话是必不可少的组成部分，学习小组之间往往需要通过会话与协商，对教师布置的任务予以完成。在小组会话过程中，每一位学生都能发散自己的思维，并与组内成员进行分享，最终实现学习任务意义的建构。讨论结束后，教师可采用演讲、案例分析、角色扮演等方式，组织学生开展成果展示，检验学生对教学知识的掌握程度，为接下来的教学计划提供借鉴。

具体来说，教师可以鼓励全体小组成员参与演讲，共同配合完成演讲。根据教师提出的问题，小组对任务完成情况进行汇报。其他小组在听取演讲的过程中，对其中存在的问题进行记录，等到小组演讲结束之后，学生可以进行提问，并要求小组进行解答。通过这一过程，全班所有成员都会拓宽自身的知识面，尤其是对英美习俗、英美教学背景知识等有系统的了解与把握。

（六）塑造角色，提升教师素质

教师可以通过以下策略来提高自身素质。

1. 尊重教学差异，建立平等的教学观

教学都有其独特的魅力，教学没有优劣之分。对于存在的教学差异，我们应予以承认、尊重、欣赏，同时注意将各种教学进行比较，进而取长补短，为教学带来正面启示。

2．重视与教学相关的教研、科研活动

教学方面的科研、教研活动可以揭示教学规律，为教学实践提供科学的指导。反过来，教学实践也是对教研、科研活动的检验，是一种直观、全面的反馈形式。教师应该重视教研和科研活动的过程、结果，从中总结经验教训，使科研、教研活动与教学之间形成良性循环。

（七）创设情境，营造教学氛围

按照建构主义的观点，知识的获取乃至意义的建构都建立在人与社会环境的交互关系基础之上，真实的情境直接关系知识的掌握。结合实际来看，语言在特定的环境中才有意义，所以教师也应该创设符合使用者习惯的环境，让学生在真实的对话中学习自然、实用的语言。当然，网络技术的发展为建构主义学习理论的推行提供了良好的环境。

网络技术具有信息容量大、传输速度快等特征，因此在大学英语教学中，运用网络技术能够使得教学的展示更具模态化，能够在单位时间内为学生提供大容量的学习资源，这是目的语教学输入的有效途径与重要方式。同时，学生置身于真实的情境中能够亲身体验目的语教学的新奇和快乐，在体验中增强对目的语教学的理解和认知，激发学生学习目的语的积极性和主动性。也就是说，在快乐学习目的语的同时提升自己的跨文化交际能力。

另外，教师可以让学生参与一些“暑假英语夏令营”“语言学习示范中心”等活动，这是英语学习的第二平台，使学生将课堂上学习的知识运用到具体的实践中，创建了丰富的英语体验环境，提升了学生的跨文化交际能力和英语应用能力。

第三节　“主题”视角下大学英语教学的创新发展

一、“主题”视角下大学英语教学的必要性

（一）学生英语学习目的的变化

中国的学生一般都在进入大学前接受了系统化的英语教育，更有一些学生专门在英语培训班学习。起初，他们学习英语的目的在于增加英语学习的兴趣，后

来随着考试的出现，他们学习英语的目的在于取得好的成绩，从而能够顺利进入下一阶段的学习。

对于那些英语水平较高的学生来说，他们能够切实感受到英语学习目的的改变，即从对英语学习的功利性转向英语学习的实用性。他们很多人对听说进行训练，有些人则有意识地多与外教进行沟通，实现英语作为一门语言工具的价值。学生和外教沟通时，虽然有明确的主题，但是实际在交流中并不知道说什么。

这些问题的本质在于英语教学中交际教学的缺失。即使学生掌握了正确的词汇和语法，也不一定能应对实际的交流。除了词汇和语法，交际还需要学生具备适当的语用知识和交际策略，如了解语言使用的社会规范、情境适应能力、灵活运用不同的交际策略等。缺乏这些知识和技巧可能导致学生在实际交流中出现不当或不准确的表达，无法达到期望的交际效果。另外，语言在不同的文化背景下会有不同的文化内涵，学生如果只掌握字面意义而忽视文化背景，就容易误解或无法理解对方的真实意图。跨文化交际中，文化背景的缺失可能导致语言使用上出现冲突、误解。

因此，学生在实际交流中的顺利与否不仅取决于语言知识的掌握，还与语用知识、文化背景以及非语言因素的综合运用有关。文化背景的缺失会影响学生对语言使用的理解和适应，限制他们在跨文化交际中的表达和沟通效果。为了提高学生的交际能力，教师在教学中需要注重培养学生的跨文化意识和对文化背景的理解，使其能够在实际交际中更好地应对各种文化差异和交际挑战。

（二）学生对文化知识需求的变化

现代大学生对国外文化的兴趣和需求出现了显著的变化。过去，人们往往更关注国外文化的基本知识，如了解某个国家的历史、风俗习惯等。然而，随着信息时代的到来和经济全球化的深入发展，现代大学生更加注重对国外文化的深入理解和思考。

有关部门曾就“希望从外教处了解哪些信息”这一问题面向若干学生展开调查，结果显示受访者大多希望了解国外的风俗习惯（礼仪、饮食、生活等）、中西方文化的差异、国外的大学体制和大学生人生观等。而如今，大部分大学生都对这些问题有了不同程度的了解。这些问题基本都能概括为“是什么”，随着英语国家文化的持续推广，全世界的人都对其社会现象和思想理念有所了解。所以，当代大学生对国外文化的认知需求已经逐渐转向了“为什么”。这一转变意味着现代大学生更关注国外文化产生的原因、背景和影响，他们希望了解文化的形成过程、价值观念的演变以及不同文化之间的互动关系，更关注文化现象的深层含义，探究文化与社会、心理、经济等方面的关联。这种转变与现代教育的推动有很大关系：许多大学鼓励学生开展跨学科研究和思考，同时，经济全球化也增加了人们接触和了解其他文化的机会，激发了人们对多元文化的兴趣和思考。总之，这种观点表明现代大学生对国外文化的需求已经超越了简单的事实了解，更加注重理解背后的原因和意义，以拓宽自己的视野、提升文化素养。这种转变反映了时代背景下知识需求的变化和教育目标的推进。

对于“为什么”的问题，教师需要通过一系列的教学方法和活动来加深学生对文化知识和文化现象的理解。教师可以在课堂上向学生介绍相关国家或地区的历史、地理、社会制度和价值观念等方面的背景知识，帮助学生了解文化的起源和发展，并提供理解文化现象的基础；可以引导学生进行文化对比，将目标文化与学生所熟悉的本土文化进行对比，从而加深他们对文化差异和相似之处的认识，使学生更好地理解本土文化与其他文化的不同之处，并培养跨文化交流的能力。通过这些教学方法和活动，教师能够引导学生主动思考、探索，不断开拓视野，加深对文化知识和文化现象的理解。知识传授和启发性教学相结合，能够使学生在跨文化交流中更加具备应对挑战的能力。

二、“主题”视角下大学英语教学的过程

无论是什么教学，其过程实质上都是输入、输出的过程，当然在大学英语教学中也是如此，并且输入明显大于输出。

在大学英语教学中，输入主要指学生接触和理解外语听力和阅读材料的过程，包括学生通过听力材料、阅读文本、教师的讲解和展示等方式获取新的语言知识和信息。在输入环节，教师的任务是主导输入过程，讲授生词、列举词组、讲解课文和长难句等，提供丰富的输入材料，如录音、视频、文本等，以帮助学生扩展词汇量、提高听力和阅读能力；设计和选择合适的听力和阅读任务，指导学生运用各种策略，如猜测词义、推断上下文含义等，提高其理解能力；提供适当的反馈和指导，帮助学生纠正错误，加深对语言结构和语意的理解。学生的任务包括参与听力和阅读活动、积极倾听和阅读、尝试理解和获取信息；运用各种理解策略，如猜测词义、预测内容、注意段落结构等提高自己的阅读和听力技能；主动思考和提问、与教师和同学交流、澄清疑惑，共同建构知识。

输出指学生对原有知识的应用，通常表现为运用所学的语言知识进行口语和

写作表达的过程，包括学生通过口语交流、写作练习等方式，将他们对语言知识的理解和掌握转化为实际的语言应用。教师需要设计各种口语和写作任务，鼓励学生运用所学语言进行表达，提供范例和模型，引导学生在语法、词汇、句型等方面进行准确和流利的口语和写作表达；提供具体的反馈和建议，帮助学生改进自身的口语和写作技能。学生的任务则是积极参与口语和写作活动，尽可能地运用所学语言进行实践；注意语言表达的准确性和流利度，逐步提高自己的口语和写作能力；接受和运用教师或同学的反馈，不断改进自己的表达方式。

传统英语教学的输入环节一般采用“自下而上”的模式，即从基础语言知识开始，逐步建构语言技能和能力的过程。这种模式一般都从词汇学习开始，着重于对语音、拼写、词汇、语法等语言细节的训练和掌握，以及对这些细节的组合和应用，学生先掌握词汇，才能进行其他更复杂的听、说、读、写练习，从单个字词、语句的含义到课文内容学习，最后提炼主题。

语言输入的过程就是“自下而上”的过程。这一模式注重整体理解和意义的建构，强调语言应用的交际性和实用性。它有助于学习者更好地理解和掌握语言，提高听力、阅读、口语和写作技能。同时，它也促进了跨文化交际和对文化背景的理解。教师在实际教学中可以通过提供相关的背景信息、引导学生关注上下文，以及设计与实际场景相关的任务等方式来营造“自下而上”的学习环境。“自下而上”输入过程的前提是符合学生的认知能力，同时学习材料足够正规。

（一）以课文主题为教学的线索

《新视野大学英语》教材中的各个单元都是根据不同的主题展开的，第三册中涉及的主题就有教育、地震、文化象征和克隆等，分别通过两篇材料来丰富每一主题。因此，对于这些主题，可以先把握文化的主线、课程要求，教材安排才能更相符。同时，由于课时有限，教师不可能将两篇材料都进行讲解，因此还需要培养学生逐渐归纳与提炼知识点的能力，并在第二课堂展开自主学习。

以克隆文章为例。首先，绝大部分学生在学习课文之前对克隆已有所认识，因为他们看过很多与之相关的电影，并且在中学生物课堂中也学习到相关内容。一方面，学生基本了解克隆的定义、应用和意义，并产生一些关于克隆的积极方面的联想；另一方面，人们还是普遍担心克隆技术，这也与他们看了很多的电影相关。基于这样的背景，很多学生都能够做到有话说，这就解决了“说什么”的问题，但是不同的学生在表达上存在明显的差异，有些学生可能说得好，有的学生说得差一些。

其次，通过梳理克隆相关历史和信息，学生会发现课文中的很多问题都是随着克隆技术的发展而不断产生的。所以，此文章主题并不缺少课堂话题，教师可以通过对话练习，帮助学生掌握一部分单词和短语，并引入文章的主题。之后，教师可引导学生将自己的表达和课文的表达作对比，发现其中的差别，从而提高学生表达水平。

目前，大学英语教学正在逐渐削弱专门的词汇在学习中的占比，转为引导学生把握课文主旨、自然而然地学习词汇。教师不会特意讲解部分生词的含义，而是让学生结合上下文推测该词的意义。也就是说，学习课文更重要的是拓展思维，而不是仅限于语言本身。

（二）词汇中的教学

在语言单位中，词汇是承载丰富文化的基本单位，而在大学英语教学中，词汇教学是其重要的组成部分。通过合理的考据和教学设计，教师能使学生从词汇学习中扩展丰富的文化空间。

任何一种语言中的词汇本身都是有期限的，许多英语词汇在时代变迁中经历了产生、发展和消亡。

有一些目前普遍使用的英语词汇，实际上是在特定社会环境或要求下出现的。许多词汇都是因社会环境和需求的演变而产生的，语言具有适应性和灵活性。

总体上说，大学英语教师要基于学生的整体素质，充分利用好课本上给出的文化主题，采用“自下而上”的方式展开教学，使学生的语言学习更具模块化与整体性，使学生的语言水平得到较大的提升。虽然输入与输出听起来似乎是先入后出，但是在大学英语教学中，两者是相互交替的关系。一般来说，学生的本能输出、教师的文化输入和教师引导下的学生输出循环往复，有助于培养出应用型人才，从而符合社会发展与跨文化交际的需要。

三、以“电影”为主题开展大学英语教学

电影是在20世纪迅速发展起来的，是具有国际性特征的艺术形式。电影和文化密切相关，影片通过影像还原声音，对现实生活进行真实的再现，其语言经过加工提炼而具有生动性和准确性，语言形式丰富多彩，语气变化多样。通过观看电影，人们可以直观感受各国的情感表达方式、社会状况和价值观念等文化背景内容。20世纪五六十年代，国外很多国家在语言教学中引入了影视手段，现在影视已成为大学英语文化主题教学中的重要组成部分。

（一）以“电影”为主题开展大学英语教学的意义

语言学习离不开相关的文化学习，而将英文原声电影应用于大学英语文化主题教学中有着重要的意义。

1．增进学生对英语国家文化的了解

许多英美经典电影兼具文化价值与审美价值，而且体现着民族艺术风格。中国学生在欣赏英美电影时，不仅可以获得审美体验，还可以从中感受英美国家的风土人情。

当然，优秀的影片往往与特定时代的社会文化现象密不可分，也与社会生活的真实面貌、人们关心的问题相关。通过对影片进行观看，学生可以了解西方的思维模式与社会生活等层面，然后将其上升到语言层面，可以像英美人那样运用英语去思考问题。

也就是说，影视英语让学生在对英美文化了解的同时，还让他们学习了一些纯正的英语习语。众所周知，习语是语言的精华，是语言的民族表现与各种修辞手段的彰显，具有深刻的寓意与简洁明快的特征。因此，对这些习语的掌握，可以增加学生对语言的理解力。

2．加深学生对英美文学知识的理解

文学是社会历史、意识形态、个人体验的重要载体，许多经典的英美文学作品都是西方文化传播的窗口。很多经典作品，如《哈姆雷特》《威尼斯商人》等，都是通过影视剧展现给大众，对这些影视剧进行欣赏，大众尤其是学生能够对文学作品有更深刻的理解和把握。

3．加强非言语语言知识教学

一般来说，人际交流的形式有两种，一种是言语行为，另外一种是非言语行为。在跨文化交际研究中，非言语行为是其中一项重要的内容，其中姿势、手势、表情、衣着等都属于非言语行为。实际上，非言语行为与言语行为一样，都是文化的重要组成部分，并以一定的文化作为基础。基于此，在影视欣赏中，教师应该有意识地引导学生观察影视剧中人物的表情、动作、服饰等，使学生有身临其境的感觉，并对非言语行为的知识加以掌握。

4．激发学生对英语文化的学习兴趣

兴趣是最好的老师，是学生知识学习与智力发展的重要桥梁。只有将学生对英语文化学习的兴趣激发出来，才能调动他们学习的积极性与主动性，使学生真正地学会自主学习。

受传统教育模式的影响，很多学生在英语学习中死记硬背，重复练习英语练习题，并未掌握基本的英美文化知识。很多学生都喜欢看电影，因为电影图文并茂，给学生以直观感受，也具有故事性，能够吸引学生的注意力，激发学生学习的积极性与主动性。

在英语文化主题的教学中，教师可以将英文原声电影给学生进行观看。这样做一方面可以让课堂的气氛更加活跃，对课堂内容予以丰富；另一方面可以激发学生对英语文化学习的积极性与主动性。学生在欣赏影片的过程中，能够对其中的语言信息进行学习，在感受故事情节的过程中对电影中深刻的文化背景与故事背景予以了解。

总体上说，教师将这种集声音、文字、图像等为一体的原声电影引入英语课堂中，不仅可以调动学生的视听潜能，有助于学生获取文化资料，还有助于激发学生学习的积极性与主动性，调动学生的学习兴趣。

5.加深学生对中西文化差异的理解

语言是文化的一部分，是反映文化的一面镜子，是文化的重要传播载体与工具。地理环境与历史背景等层面的不同导致中西方文化存在明显的差异，文化的差异性导致中西方的人们对同一事物有着不同的理解，很容易出现跨文化交际的误解，因此对英语文化的学习显得非常有必要。

也就是说，英语学习实际上就是英语文化的学习，而电影是文化传播的一项重要工具，英文原声电影从多个维度出发，对英语的文化内涵进行展现，演员台词、故事本身、影片音乐等都向观众传达了文化信息。学生在对影片加以欣赏的过程中，会很自然地对比母语文化中的语法现象与句法形式，进而让他们切身体会中西方文化的差异性，加深他们对英语文化的深层次理解与认知，从而为跨文化交际服务。

6.提高学生的英语听说能力

通过电影开展大学英语文化主题教学，能够大幅度提升学生的听说能力。电影情节往往源自生活，是根据社会大环境发展而来，其中的人物关系、场景等都展现了当时社会真实的生活场景，能够使学生在欣赏影片的过程中有身临其境之感。

正是在这种真实场景的推动下，学生可以更轻松、自如地学习英语，并对一些词汇进行积累，不断纠正自己的发音，主动与他人进行交流。当然，为了更好地进行交流，学生也会在影视剧的启发下不断深层次了解英美文化。

（二）以“电影”为主题的大学英语教学的实施

在具体的教学过程中，教师可借助电影作品来讲解文化，培养学生的文化素养，开阔学生的眼界，提高学生的跨文化交际能力。具体可按照以下步骤进行。

1.课前准备阶段

（1）选片标准

当前，影片资源丰富、良莠不齐，因此教师在选择影片时应该多加注意，这也是教师课前准备的重要环节。

在选择原声影片时，教师要对其进行严格的把关，有针对性地对影片进行挑选，选择内容健康、能够吸引人、题材轻松、内容有意义的影片，让学生在观看影片的过程中，通过自己的联想猜测不熟悉的单词，即使不认识某一单词，也能够通过画面进行猜测。

另外，在对影片进行选择时，教师应尽量保证选择的影片中人物的语速适中、发音标准、对白丰富，这有助于学生进行模拟练习。同时，教师要紧紧围绕自己本堂课要讲授的内容来选择与之相关的影片，这样可让自己的课堂更有乐趣，不仅可以吸引学生的注意力，还能不断培养学生产生英语学习的兴趣，提升学生的文化知识素养。

（2）播放准备工作

当选择好影片之后，教师要从教学内容出发对其进行剪辑，从而使播放的内容与课堂内容相契合。在做好剪辑之后，教师要对所播放影片的故事内容有清楚的了解与把握，尤其是其所包含的时代背景与所反映的中西方文化差异，从而保证在播放影片后能够为学生答疑解惑。

2.课堂教学阶段

首先，在观看影片之前，教师应该向学生介绍本堂课所涉及的文化背景知识，同时对学生所观看影片的背景、故事、内容等进行简要介绍，让学生对该影片有一个简单的了解。教师可以先提出几个问题，让学生带着问题去观看影片，便于学生在观看过程中能够关注影片中的重点部分。

其次，在观赏影片的时候，教师可以灵活播放，如对一些重点的部分可以循环播放，让学生通过多次观看来了解影片的重要概念、人物特色以及主题，同时教师可以辅以重点的讲解，从而加深学生的印象。

最后，学生观看完影片之后，教师要对影片中的文化知识进行总结和归纳，当然教师也可以组织学生进行小组讨论或者配音、角色扮演等，从而引导学生更深层次地了解中西方文化，让学生在轻松的课堂氛围中学好英语文化知识。

3. 课后复习阶段

当课堂教学结束之后，教师可以为学生布置一些与影片相关的课后作业，便于学生对本节课所要学习的文化知识进行复习，如可以让学生写影片的观后感等。将英文原声影片在大学英语文化主题教学中加以应用有着巨大的意义，但是也要注意如下几点问题。

首先，要处理好语言学习与文化学习二者之间的关系。电影教学目的在于提升学生的学习兴趣和积极性，促进学生更好地学习语言文化，所以教学中仍旧需要以语言教学为主，在其中注重影片中的文化背景知识，把握好语言学习与文化学习二者的关系与度。

其次，要把握好影片观看的时长。教师在保证自身教学进度的基础上对影片进行剪辑设计，这样不仅培养了学生的英语学习兴趣，加深了学生对影片文化背景的了解与把握，还不会对正常的教学进度产生影响。

最后，学校要对教师进行理论与思想的培训，让教师能够真正做到与时俱进。具体来说，应该让教师了解当前的形势，对英语文化做到深刻地领悟，这样教师在选择英文原声影片、进行文化内容教授时才能够真正地培养学生的文化素养。

总体上说，学生学习英语的较大障碍就在于文化差异，学生只有具备一定的文化知识，才能跨越这一障碍。将英文原声影片在大学英语教学中加以运用，不仅可以丰富教师的课堂教学，为学生提供真实的文化语境，还能够激发学生的学习兴趣和积极性，培养学生的跨文化交际能力。

参考文献

[1] 郝兴跃．英语教育与教学研究[M]. 上海：上海外语教育出版社，2012.

[2] 李晨．大学英语教学的生态学阐释[M]. 南京：东南大学出版社，2022.

[3] 宣泠，龚晓斌．大学外语不断线课程体系建构研究[M]. 苏州：苏州大学出版社，2020.

[4] 王朝杰．大学英语翻译理论与实践研究[M]. 北京：新华出版社，2020.

[5] 邬易平．成长的声音[M]. 杭州：浙江工商大学出版社，2019.

[6] 朱丽．多模态话语理论与英语教学研究[M]. 石家庄：河北人民出版社，2019.

[7] 魏华．大学英语生态课堂与生态教学模式的路径探索[M]. 南京：东南大学出版社，2018.

[8] 王雪松．以系列学术沙龙为依托的大学英语教师学习共同体研究[M]. 北京：中国书籍出版社，2016.

[9] 程瑾瑜．大学英语教学政策在体育院校的执行与反思[M]. 武汉：武汉大学出版社，2016.

[10] 郑佩芸．基于网络书面实时交流的大学英语口语拓展教学研究[M]. 上海：复旦大学出版社，2015.

[11] 姜春华．情境认知学习理论在大学英语教学中的应用研究[J]. 海外英语，2023（15）：137-139.

[12] 温颖茜．大学英语教学中讲好中国故事的理论逻辑与教学实践[J]. 社会科学家，2022（8）：148-154.

[13] 刘友春．基于二语习得理论的网络环境下大学英语教学研究[J]. 海外英语，2022（19）：103-104.

[14] 尹海燕．基于语篇分析理论的大学英语阅读教学实践[J]. 沈阳大学学报（社会科学版），2022，24（5）：542-549.